딜리셔스 와인 맛있는 미국와인 70

DELICIOUS WINES FROM CALIFORNIA

1945
MYM
문예미디어

딜리셔스 와인 맛있는 미국와인 70
DELICIOUS WINES FROM CALIFORNIA

초판인쇄 2009년 5월 1일
초판발행 2009년 5월 5일

지은이 정숙희
발행인 서덕일

펴낸곳 문예림
　　　　　주소　　　서울 광진구 군자동 1-13호 문예하우스 101호
　　　　　전화　　　02-499-1281
　　　　　팩스　　　02-499-1283
　　　　　홈페이지　www.bookmoon.co.kr
　　　　　이메일　　book1281@hanmail.net

출판등록 1962년 7월 12일 제2-110호
　　　　　ISBN : 978-89-7482-488-4 (13790)

딜리셔스 와인 맛있는 미국와인 70

DELICIOUS WINES FROM CALIFORNIA

와인은 연인이다

포일을 뜯어내고 오프너를 꽂은 다음 코르크를 돌려 뽑아 올린다.
'뽁' 소리와 함께 와인 병이 열리면 가슴이 두근두근, 오늘도 예외없이 설렘이
시작된다. 이 와인은 무슨 맛일까, 어떤 향을 가졌을까, 얼마나 아름답고 얼마나
부드러울까….

와인과 사랑에 빠지면 세상은 무척 단순해진다. 세상은 와인이 있는 삶과 와인이
없는 삶, 딱 두 가지로 나뉘기 때문이다. 와인이 있는 삶은 무궁무진한 흥분이
샘솟는 반면, 와인이 없는 삶은 시시하고 재미없는 세상이 돼버린다.

와인과 사랑에 빠지면 세상은 무척 복잡해진다. 세상엔 그 누구도 살아생전 다
마셔볼 수 없을 만큼 많은 와인들이 존재하는데, 오늘 이 순간 내가 마실 한 잔의
와인을 고르기 위해 고려해야할 요소들이 너무나 많기 때문이다.

화이트냐 레드냐, 리즐링인가 샤도네인가, 피노 누아 혹은 카버네 소비뇽…. 가장 기본적인 품종을 정하고 나서도 그 다음에는 프랑스 산을 마실 것인가, 나파 밸리 산을 마실 것인가, 나파 산이라면 스택스 립에서 나온 것이 좋을까 러더포드 것이 좋을까, 스택스 립을 택한다면 그 지역의 수십개 와이너리 중 어떤 와이너리에서 만든 어떤 레벨의 와인을 고를 것인가, 게다가 너무도 중요한 빈티지를 무시하는 실수를 범할 수는 절대로 없는 일이고…. 마지막으로 나의 주머니 예산까지 고려하여 이 모든 컴비네이션을 대입한 후에 경우의 수를 찾아낸 다음 그 중에 하나를 고르기란 얼마나 복잡한가, 이 말이다.

그럼에도 불구하고 와인과 사랑에 빠지는 이유는 그것이 살아있기 때문이다. 살아있기 때문에 모두 다르고, 살아있기 때문에 끊임없이 변한다. 그것은 끊임없이 나의 호기심을 자극하고, 내 미각에 도전하고, 자신을 알아달라고, 마셔달라고, 즐겨달라고 보챈다. 사랑에 빠진 연인이 그러하듯 오늘도 나는 그를 생각하며 고된 일을 견디고, 그를 만나 행복해하며, 그를 내 안에 받아들여 황홀경에 빠진다.

포도의 품종을 아는 것은 매우 중요하다. 왜냐하면 바로 그것이 와인을 아는 것이고, 와인의 맛을 아는 것이기 때문이다. 수많은 포도 품종들은 제각기 모두 다른 성질을 갖고 있다. 그들은 좋아하는 재배환경과 토양과 기후가 모두 다르다. 지역에 따라 특정한 와인이 맛있는 것은 바로 그런 이유 때문이다.

각 포도 품종의 특성을 알게 되면 와인의 맛을 좀 더 잘 알게 된다. 그리고 내가 좋아하는 와인이 무엇인지 알게 되면서 나 자신의 입맛과 취향도 좀 더 잘 들여다보게 된다.

세상에는 1만개가 넘는 종류의 포도나무가 있고, 와인 양조에 쓰이는 품종만도 수백 종류에 달한다. 그러나 오늘 우리가 마시는 와인을 잘 이해하기 위해서 그렇게 많은 공부가 필요한 것은 아니다. 와인샵에서 가장 흔히 볼 수 있는, 즉 가장 맛있는 와인을 만들어내는, 고마운 포도 품종들의 특징을 알아보고, 품종별로 맛있는 와인들을 소개한다.

이 책에 쓰여진 모든 와인 용어는 미국에서 사용하고 있는 영어식 표현을 사용했다. 예를 들어 카버네 소비뇽(Cabernet Sauvignon)을 한국에서는 카베르네 소비뇽으로, 멀로(Merlot)는 메를로로, 프랑스어 발음에 가깝게 사용하고 있는 것을 알지만 미국에서는 누구나 카버네 소비뇽, 멀로 라고 말하기 때문에 굳이 고치지 않았다.

또한 품종 별 맛있는 와인 소개는 90% 이상 미국에서 많이 마시는 미국산 와인으로 선택했다. 내가 잘 알고 많이 마시는 와인을 소개하는 것이 가장 확실하기 때문이다. 하지만 리즐링이나 게부르츠트라미너, 샴페인처럼 미국산보다는 유럽산이 압도적으로 맛있는 경우는 예외로 했다.

미국의 마켓이나 와인샵에서 쉽게 찾을 수 있는 중저가의 대중적인 와인들로부터 100달러가 넘는 고급 와인까지 고루 소개했다. 와인의 가격도 미국 남가주 현지 시장의 달러 가격(2009년 봄) 그대로 적었다. 애석하게도 한국에서는 이 가격의 3~4배 정도에 살 수 있을 것이다. 그러나 캘리포니아 와인의 가격이 본고장에서는 얼마나 하는지 알 수 있는 정보가 되리라 본다.

빈티지(수확년도)는 일부러 적지 않았다. 책을 쓰고 있는 현재 나와있는 빈티지가 몇년 후에는 찾기 힘들 것이므로 빈티지를 고려하지 않고도 그 와인이 해마다 고르게 표현하고 있는 맛을 찾아내 설명하려 애썼다. 또한 캘리포니아는 좋은 기후 덕분에 빈티지의 차이가 프랑스나 이태리만큼 크지도 않거니와, 여기 소개된 대부분의 와인들은 해마다 일관된 맛을 보여주기 때문에 평균적인 테이스팅을 기록했다.

미국에서 가장 공신력 있는 와인 비평가 혹은 매거진의 평가를 고려했다. 로버트 파커(Robert Parker)나 와인 스펙테이터(Wine Spectator), 월스트릿 저널 (WSJ)의 와인 칼럼 등으로부터 후한 점수를 받은 것들이 적잖이 포함됐다.

한국의 독자들도 머잖아 맛있는 미국 와인을 많이 마시게 될 것으로 기대한다. 그때 이 책에서 만났던 이름들과 반갑게 조우하시기를….

2009년 3월 캘리포니아에서

정 숙 희

contents

DELICIOUS WINES FROM CALIFORNIA

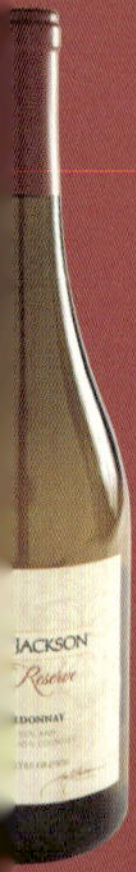

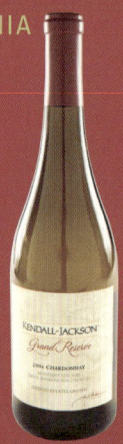

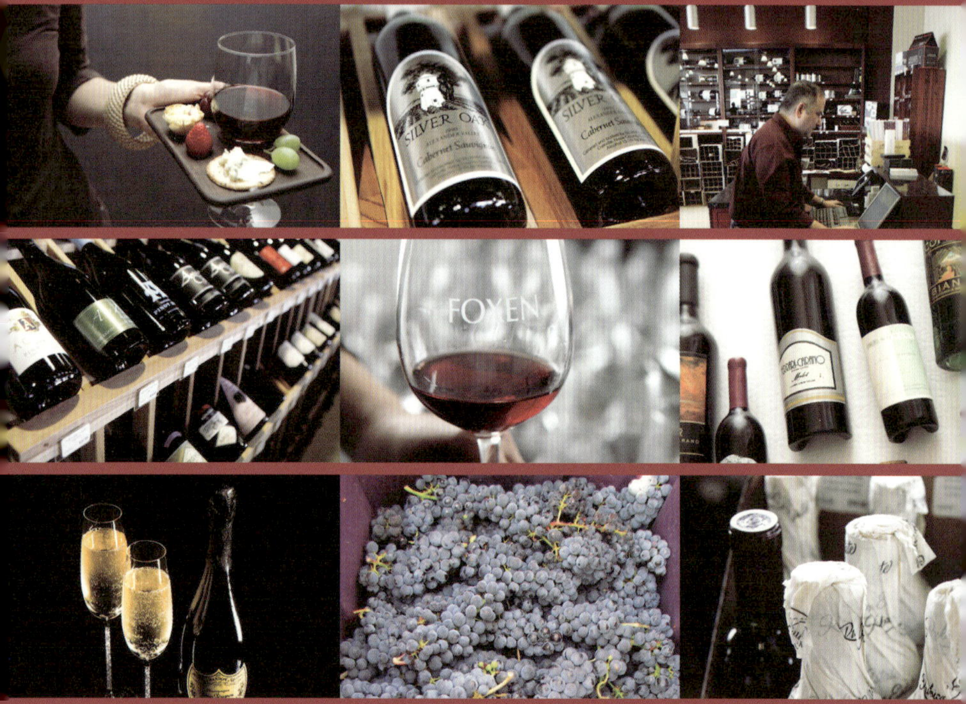

카버네 소비뇽은 적포도주의 왕이다. 백포도주 중에서 샤도네를 최고로 꼽듯이, 레드 와인 중에서는 카버네 소비뇽이 가장 인기 있고 가장 중요하며 가장 많이 재배되는 포도품종이다. 세계에서 가장 맛있고, 가장 비싸고, 가장 오래 숙성할 수 있는 와인(보르도 그랑크루, 캘리포니아 컬트 캡, 고급 레드 메리타지 등)이 모두 카버네 소비뇽을 주품종으로 만들어진 것들이다.

한인들도 카버네 소비뇽을 좋아하는 사람들이 굉장히 많은데 그 이유는 맛이 진하고 복합적이며 잘 숙성하면 말할 수 없이 우아하고 부드러워지기 때문이다. 나 자신도 입체적이고 씹을 수 있으며 묵직하고 클래식한 카버네 소비뇽을 가장 즐겨 마신다.

카버네 소비뇽은 포도알이 작고 껍질이 두꺼워 태닌이 많이 함유돼 있으며 약간 더운 지방에서 잘 자란다. 적포도주의 숙성에 있어서 가장 중요한 성분이 태닌인데 카버네 소비뇽에 태닌이 많기 때문에 이것을 많이 사용한 와인은 오랜 숙성이 가능한 것이다.

미국을 포함한 신세계* 와인에서 카버네 소비뇽이라고 쓰여진 와인은 이 품종을 75% 이상 사용한 것이다. 100% 카버네 소비뇽으로 만든 와인도 간혹 있지만 대개는 멀로, 카버네 프랑 혹은 프티 시라와 말벡 등을 조금씩 섞고 있으며 그 블렌딩 비율은 와이너리와 와인메이커, 빈티지에 따라 다르다. 프랑스에서는 보르도 지방의 메독, 생테스테프, 포이약, 생줄리엥, 프삭 레오냥 등지에서 나오는 와인이 카버네 소비뇽이라고 보면 된다.

카버네 소비뇽의 맛은 샤투, 블랙베리, 나그 체리, 블랙 커런트, 연필 심, 피망, 올리브 등의 맛으로 특징지어지며 차가운 지방에서 자란 캡(카버네 소비뇽의 줄임말)에서는 약간의 민트 향같은 것도 맡을 수 있다.

카버네 소비뇽은 오크통에서 숙성시킬 때 맛이 훨씬 더 좋아지고 잘 표현되며 오크통에서 커피, 후추, 시가 맛과 연필 깎는 냄새 같은 것이 얻어진다. 그리고 몇 년 숙성을 거치고 나면 떫은 맛과 과일향이 줄어들고 마른 허브, 초컬릿, 가죽 냄새

같은 맛을 내면서 훨씬 부드럽고 우아해진다. 카버네 와인은 최소 5~10년 이상 익어야 가장 좋은 맛을 내고, 질좋은 와인은 몇십년 혹은 100년 이상의 숙성도 가능하다.

카버네 소비뇽은 잘 구운 스테이크, 즉 단백질과 지방이 풍부한 육류 요리와 가장 좋은 궁합을 이룬다. 숙성하지 않은 어린 와인은 태닌과 오크향, 알콜이 강하게 느껴지기 때문에 양념이 있는 고기 요리와도 어울리지만, 10년 이상 익어서 부드러워진 카버네는 좀더 섬세하게 조리된 스테이크과 매치하는 것이 좋다.

항간에는 미국산, 즉 나파 밸리의 카버네 소비뇽은 20년 이상 숙성하지 못한다는 말이 떠돌기도 하는데 이는 사실이 아니다. 1976년과 2006년에 열린 '보르도 와인 대 나파 와인'*의 대결이 증명해주었듯이, 나파 산 카버네는 30년 이상의 세월도 너끈히 견딜 뿐 아니라 보르도 못지않게 우아하게 익어간다. 다만 캘리포니아 와인의 역사가 유럽의 역사보다 짧기 때문에 이를 증명할 시간적 여유가 없었을 뿐이고, 수십년전 미국인들은 와인에 대한 상식이 짧았기 때문에 오랜 세월동안 적절하게 보관하지 못해서 맛이 변질됐을 가능성이 있다는 것 뿐이다.

• Cheese Pairing: 브리(Brie) 혹은 까망베르(Camembert), 맛이 강한 체다 (Sharp Cheddar), 모자렐라(Mozzarella)와 좋은 궁합을 이룬다. 숙성한 레드 와인이라면 숙성한 구다(Gooda) 치즈가 좋은 선택이 될 것이다.

★

---

* 신세계와 구세계: 와인업계에서 자주 쓰이는 용어로, 와인의 역사가 오래된 유럽의 나라들(프랑스, 이태리, 독일, 스페인 등)을 구세계(Old World)라고 하고, 와인 역사가 짧지만 근래 세계 와인시장에서 괄목할 만한 성장을 보여온 나라들(미국, 호주, 칠레, 남아공, 아르헨티나, 뉴질랜드 등)을 신세계(New World)라고 한다. 신세계들은 미국을 제외한 모든 나라들이 남반구에 위치한 것이 주목할 만하다.

* 1976년 파리에서 열린 프랑스 와인 대 나파 밸리 와인의 대결을 말한다. '파리의 심판'이라 불리는 이 대결에서 블라인트 테이스팅 결과 화이트 와인과 레드 와인 모두 미국산이 1등을 차지해 전세계를 깜짝 놀래켰다. 또 30년 후인 2006년 열린 리매치에서도 1위를 모두 미국산이 차지했다.

Stag's Leap Wine Cellars, SLV

스택스 립 와인 셀라스가 만드는 SLV 카버네 소비뇽은 어느 한군데 흠 잡을 데 없는 적포도주다. 카버네 소비뇽에 대하여 우리가 바라는 모든 것-강렬함, 묵직함, 향기로움, 우아함, 그리고 적당한 떫기까지 모두 조화롭게 수용하여 아름다운 맛을 낸다.

스택스 립 와인 셀라스 와이너리는 나파 밸리 안에서도 최상품의 레드 와인을 생산하는 황금 노른자위 지역 스택스 립 디스트릭 안에 위치한 포도원이다. 주의할 것은 바로 인근에 스택스 립 와이너리(Stag's Leap Winery)라는 비슷한 이름의 포도원이 있으며 마찬가지로 질 좋은 카버네 소비뇽을 만들고 있다는 것, 혼동하기 정말 쉽다.

1972년 설립된 스택스 립 와인 셀라스는 바로 이듬해 만든 카버네 소비뇽으로 전세계 와인역사를 새로 쓰게 만든 1976년 '파리의 심판'*에서 1등을 차지한 바로 그 와이너리다. 게다가 30년후 2006년의 리매치에서도 2등을 차지함으로써 그 실력을 만방에 공포했다.

SLV 카버네는 카버네 품종을 90% 이상 사용하는, 초컬릿과 야생딸기, 꽃향기까지 나는 아름다운 와인으로, 마치 오래 숙성한 와인처럼 부드럽고 매혹적이다.

Price | 와인샵에 따라 100~120달러

Jordan, Alexander Valley

조던의 카버네 소비뇽은 한인들에게 가장 많이 알려졌고 사랑받는 와인이다. 가격이 50달러 정도로 싸지 않지만 그 가격 대에서는 맛이 아주 훌륭하고, 생산량도 많아서 와인샵이나 식당에서 쉽게 찾을 수 있다.

조던 카버네의 매력은 부드럽고 클래식한 맛에 있다. 아마 그 때문에 진한 적포도주에 익숙하지 않은 한인들에게도 쉽게 어필하는지 모르겠는데, 금방 출시된 와인을 마셔도 마치 몇 년 숙성한 것처럼 입안 가득히 퍼지는 벨벳처럼

Cabernet Sauvignon

delicious wine

Arrowood, Sonoma County

Simi, Alexander Valley

St. Supery, Napa Valley

Chateau Montelena, Napa Valley

Clos Du Val, Napa Valley

Ferrari-Carano, Alexander Valley

Franciscan, Oakville Estate

Stag's Leap Wine Cellars, SLV

WITH WINE AND HOPE, ANYTHING IS POSSIBLE

부드럽고 우아한 맛은 언제나 감탄을 자아낸다. 풀바디에 리치하면서도 여러 과일향의 조화가 아름답고 거기에 달콤한 나무와 흙맛까지 살짝 더해져 스테이크 한 점과 함께 마시면 금쟁반에 은사과처럼 럭셔리하게 어울린다.

소노마 카운티 알렉산더 밸리의 한적한 곳에 자리잡고 있는 조던 와이너리는 조용하고 아름답기 그지없는 뜰과 정원, 건물과 포도밭이 클래식하면서 품격 높은 풍경을 간직하고 있어 우선 들어서면 그 분위기에 압도되곤 한다. 1,500에이커나 되는 거대한 포도원임에도 불구하고 카버네 소비뇽과 샤도네, 단 두 가지만을 만들기 때문에 언제나 자신감 있고 일관성 있는 와인을 만들고 있다.

Price | 50달러선

Ferrari-Carano, Alexander Valley

역시 소노마 카운티에 있는, 정원이 너무나 아름다운 페라리 카라노 와이너리는 카버네 뿐 아니라 생산하는 거의 모든 품종의 와인이 기품있는 맛을 낸다.

알렉산더 밸리에서 자란 카버네 소비뇽은 그 산기슭의 안개와 따가운 햇살을 함께 안고 무르익은 세련된 맛을 표현한다. 흙냄새와 풀냄새도 조금 나고, 다크 초콜릿과 캐러멜 맛도 조금씩 보여준다. 깊이 있고 태닌도 적당히 껄끄러운 클래식 캡이다.

Price | 30달러 이상

Kenwood, Jack London

화려하지 않지만 질 좋은 와인들을 생산하는 유서깊은 켄우드 와이너리는 가격에 거품이 없고 땅에 정직한 와인을 만드는 곳이다.

아티스트 시리즈, 잭 런던 시리즈, 리저브 시리즈, 소노마 시리즈 등 여러 라인의 와인을 생산하는데 다들 순수하고 겸허한 맛이며 특히 가격이 저렴한 소노마 시리즈는 많은 사람의 사랑을 받고 있다.

첫 모금에 깜짝 놀라는 그런 맛이 아니고, 조용한 숙녀처럼 갈수록 볼수록 이야기를 나눌수록 매력이 느껴지는 와인. 차분한 과일향과 적당한 산미, 기분 좋을 정도의 태닌이 어우러져 무엇 하나 특별히 압도하지 않으면서 군더더기 없이 깨끗한 맛을 보여준다.

Price | 30달러 선

Chateau Ste. Michelle, Indian Wells

샤토 생 미셸은 1934년에 설립된 워싱턴 주에서 가장 오래된 와이너리로 품종별, 산지별, 수준별 여러 종류의 와인을 생산하는데 거의 모든 레드 와인이 가격에 비해 아주 맛있다.

특히 인디언 웰스 시리즈의 카버네 소비뇽은 사랑스런 과일향과 적절한 산도, 짜임새 있는 텍스처가 좋은 균형을 이룬 와인으로 약간의 초컬릿, 토바코 향과 함께 오크향도 감미롭고 고급스런 조화를 이루고 있다.

Price | 20달러 선

Niebaum Coppola, Diamond Collection Claret

유명한 영화감독 프랜시스 포드 코폴라가 소유한 나파 밸리의 루비콘 에스테이트 (Rubicon Estate, 전 이름은 니바움 코폴라) 와이너리에서 만드는 보르도스타일의 적포도주. 약간 달큰한 카버네를 좋아한다면 꼭 한번 마셔보기를 권한다. 밝고 유쾌한 맛으로 언제 마셔도 무난하게 분위기를 업시켜준다.

바닐라와 베리, 초컬릿 맛이 기분 좋고 과일향과 태닌과 산도가 부드럽게 균형을 이룬 와인으로, 여러 사람이 모여 햄이나 로스트 비프를 나누며 즐거운 만찬을 가질 때 아주 잘 어울린다.

Price | 15달러 & Up

Simi, Alexander Valley

소노마에 위치한 시미 와이너리는 쉽게 마실 수 있는 카버네 소비뇽을 만들고 있다. 산도와 과일향, 태닌이 각자 튀어나지 않고 적절히 조화를 이룬 클래식한 카버네 소비뇽으로 가격에 비해 부드럽고 우아하며 적당히 숙성하여 필레미뇽 스테이크와 훌륭한 궁합을 이룬다.

생산지가 '소노마 카운티'로 쓰여진 것보다는 '알렉산더 밸리'로 명기된 것이 조금 더 섬세하고 맛이 좋다.

Price | 20달러 정도

Franciscan, Oakville Estate

프랜시스칸 카버네 소비뇽은 이 부근 가격 대에서 드물게 맛있는 와인이다. 과일향과 태닌과 산도의 밸런스가 훌륭하게 조화를 이루어 부드럽고 리치한 맛을 선사한다. 달콤한 베리향과 더불어 초콜릿과 커피 맛도 느껴지는 대단히 흡족한 맛.

Price | 20달러 & Up

Clos Du Val, Napa Valley

'이명박 와인'으로 유명해진 클로 뒤 발의 카버네 소비뇽은 미안하지만 좀 실망스럽다. 웬만해선 '피같은 와인'을 절대 버리지 않는 사람인데, 2004년산 클로 뒤 발 카버네 소비뇽은 두어모금 마셔본 다음 미련없이 하수구로 흘려보냈다. 잘 못 만든 나파 밸리 카버네의 전형을 보여주는 와인으로, 너무 진하고 무겁고 알콜 맛이 압도적인 가운데 심하게 익어서 물러터진 듯한 자두 맛이 지배적이다.

Price | 25달러 & Up

대표적인 레이블

Arrowood 애로우드 / Robert Mondavi 로버트 몬다비 / Beringer 베린저
Hess Collection 헤스 콜렉션 / St. Supery 세인트 수퍼리
Cakebread Cellars 케익브레드 셀라스 / Rubicon Estate 루비콘 에스테이트
Silver Oak 실버 오크 / Silverado 실버라도 / Quintessa 퀸테사
Sterling 스털링 / Gallo Sonoma 갈로 소노마

빛나는 조연 멀로

02
MERLOT

와인과 인생을 멋드러지게 그린 영화 '사이드웨이즈'(Sideways, 2004)가 나온
이후 미국에서 멀로는 천덕꾸러기가 됐다.

영화에서 남자 주인공이 멀로를 경멸하고 무시하는 말을 내뱉은 순간부터 멀로의
인기는 곤두박질쳤고, 대신 그가 찬미하던 피노 누아가 마치 가장 델리킷한
와인인 양 대우를 받기 시작한 것이다. 바로 그 전까지 멀로는 미국인들이 가장
좋아하던 레드 와인이었는데 어떻게 사람 입맛이 하루아침에 그렇게 바뀔 수 있는
것인지, 참으로 신기하게 생각되곤 한다.

멀로는 카버네 소비뇽의 사촌 쯤 되는 포도품종이다. 카버네보다 태닌이 적고
과일향이 풍부하며 질감이 부드럽기 때문에 떫고 진한 맛을 싫어하는 사람들은
멀로를 선호한다.

멀로에서는 아주 잘 익은 베리 향이 나고 맛은 부드러우며 산도와 무게감이
카버네의 그것보다 적게 느껴진다. 산지에 따라서는 아주 진하고 묵직한 멀로도
나오지만 대개의 경우 부드러운 레드 와인의 대명사로 여겨진다.

바로 그런 이유 때문에 와인 꽤나 마신다는 사람들 사이에선 멀로가 개성 없는
품종으로 치부돼 와인 맛을 잘 모르는, 덜 세련된, 평범한 사람들이 즐겨 마시는

쉬운 레드 와인으로 무시되어왔다. 멀로의 가장 중요한 존재 이유는 좋은 카버네 소비뇽을 만들기 위한 블렌드 품종, 즉 빛나는 조연 외에 어떤 역할도 할 수 없다는 인식이 팽배해있는 것이다.

그러나 좋은 멀로는 세상에서 비할 바 없이 훌륭한 와인을 만들어낸다. 세상에서 가장 비싼 와인 중 하나인 '페트뤼스'(Petrus)나 르 팽(Le Pin), 오손(Ausone)과 슈발 블랑(Cheval Blanc) 등 보르도의 포메롤과 생테밀리옹 지역에서 나오는 와인들이 바로 멀로를 주품종으로 만든 것이다. 실제로 보르도 지역에서 가장 많이 재배되는 품종은 카버네 소비뇽이 아니라 멀로다.

카버네 소비뇽과 마찬가지로 미국에서 좋은 멀로는 나파 밸리 산, 그중에서도 카네로스(Carneros) 지역에서 나온 것을 쳐주고 있는데 요즘에 와서는 워싱턴 주에서 나온 멀로가 훨씬 더 단단하고 자신의 성격을 잘 드러낸다고 평가받고 있다.

• Cheese Pairing: 브리, 모자렐라, 골곤졸라(Gorgonzola), 고우트(goat) 치즈 등 카버네 소비뇽과 어울리는 치즈들과 무난히 매치할 수 있다.

Joseph Phelps, Napa Valley

와이너리 풍경이 너무나 아름다운 조셉 펠프스는 나파 밸리에서 내가 가장
사랑하는 와이너리로 첫 손가락에 꼽는다. 나파 밸리에 갈 때마다 빼놓지
않고 들러서 테이스팅 하는 곳으로, 아름다운 언덕 위에 자리잡은 클래식한
목조건물부터 마음을 사로잡고 그 위에서 내려다보이는 포도밭의 광활한 풍경은
어느 와이너리에서도 찾아볼 수 없는 평화로움과 여유를 선사한다. 특히 야외에서
시음하기 때문에 더 특별한 경험으로 남는 곳이다.

조셉 펠프스는 모든 종류의 와인을 흠 잡을 데 없이 잘 만드는데 멀로 역시
최상급이다. 2003년 빈티지는 와인전문지 '와인 앤 스피릿'(Wine & Spirits)의
탑텐 멀로의 하나로 선정됐을만큼 멀로의 개성을 잘 표현하고 있다. 블랙체리와
야생 딸기 맛이 부드럽게 어우러지고 초컬릿과 민트 향, 태닌도 알차게 포진해있어
오랜 숙성도 가능해 보인다.

Price | 40달러 이상

St. Supery, Napa Valley

나파 밸리 중심에 있는 세인트 수퍼리 와이너리 역시 내가 좋아하는 와이너리 중 하나로 카버네 소비뇽, 메리타지, 멀로, 소비뇽 블랑, 모스카토 등 많은 종류의 와인을 아주 깔끔하게 잘 만들어낸다. 나쁜 나파 와인의 특징(크고, 진하고, 오키하고, 알콜이 높은)을 보이지 않고 경쾌하나 기품을 잃지 않는 보르도 스타일로 만들기 때문에 와인애호가들의 꾸준한 사랑을 받고 있다.

세인트 수퍼리 멀로는 매혹적인 과일향이 약간의 풀냄새와 오크 향과 어우러져 좋은 균형을 보인다. 체리 맛이 많이 느껴지며 약간의 초컬릿과 스모키 플래버, 부드러운 태닌이 기분 좋게 팔레트를 감싸준다.

Price │ 25달러 선

Merryvale Starmont, Napa Valley

스타몬트 시리즈는 메리베일 와이너리의 가장 대중적인 레이블로, 나파 밸리의 특징적인 맛을 잘 구현하고 있다. 특히 멀로는 밝고 명랑하며 집중되고 클래식한

Joseph Phelps, Napa Valley

Merryvale Starmont, Napa Valley

St. Supery, Napa Valley

맛, 체리와 초컬릿, 커피 향이 기분 좋은, 그러면서도 과일 맛과 토양의 성질이 타이트하게 반영된 똑똑하고 개성있는 와인이다.

Price | 25달러 정도

Kendall Jackson, Grand Reserve

켄달 잭슨은 캘리포니아에서 가장 대중적인 와인 레이블이다. 연말에 선물받는 와인의 반 이상은 켄달 잭슨이라 해도 좋을 만큼 흔하고 평범하며 가격이 적당한 와인들을 만드는데 그런 대중성, 대량성에 비해 꽤 괜찮은 멜로를 만든다. 타이트한 블루베리의 맛에 다크하고 드라이하며 흙냄새와 초컬릿 맛이 난다. 이런 멜로는 10년 정도 숙성할 수 있다.

Price | 23달러 선

Provenance, Carneros

나파 밸리 카네로스에 위치한 프로비넌스 와이너리는 중간가의 레드 와인을 잘 만드는데 특히 멜로가 괜찮다. 체리와 바닐라, 여러 향과 맛의 밸런스가 좋아 마시기 쉽고 부드러우며 유쾌한 와인. 마실수록 즐겁고 기분이 좋아지는 와인이다. 여러 음식과도 두루 친하기 때문에 여러 사람이 모인 자리나 선물용으로 그만이다.

Price | 27달러 선

Duckhorn, Three Palms Vineyard

덕혼은 나파 밸리에서 가장 우수한 멜로를 만들기로 이름 난 와이너리다. 창립자 댄과 마거릿 덕혼은 프랑스 보르도의 최상급 멜로 생산지, 생테밀리옹과 포메롤을 여행한 이후 멜로의 열성 팬이 되어 미국에서도 우아한 멜로를 만들기 위해 최선의 노력을 기울여왔다. 그 결과 미국 최고의 멜로 중 하나로 평가되고 있는

GOOD WINE RUINS THE PURSE; BAD WINE RUINS THE STOMACH

WINTER BARREL TASTING

덕혼 멀로는 블랙 체리와 자두의 맛이 풍부하면서 흙냄새와 담배 냄새를 부드럽게 수용한 완벽한 균형의 맛을 보여주고 있다.

Price | 80달러 선

Niebaum Coppola, Diamond Collection Blue Label

카버네 소비뇽을 주 품종으로 만든 '클라렛'처럼 코폴라 와이너리의 다이어먼드 컬렉션 멀로 역시 싼 가격에 아주 훌륭한 맛을 보여준다. 코폴라의 멀로는 의외로 약간의 시라를 섞어서 만드는데 그래서인지 과일향이 도드라지면서 근육이 짜임새 있고 기품 있는 맛을 낸다.

Price | 15달러 선

Chateau Ste Michelle, Columbia Valley

워싱턴 주에서 나오는 샤토 생 미셸의 멀로는 부드럽고 우아한 멀로의 맛을 훌륭하게 표현하고 있다. 이 와이너리에서 만드는 낮은 레벨의 와인임에도 불구하고 저렴한 가격에 비해 놀랄 만큼 부드러운 과일향, 적절한 산도, 그리고 바디와 태닌이 모두 무리없이 조화를 이룬, 흔한 말로 '목 넘김이 좋은 와인'이다.

Price | 12달러 이상

대표적인 레이블

Havens 헤이븐스 / Beringer Howell Mountain 베린저 / Shafer 셰이퍼
St. Francis 세인 프랜시스 / Silverado 실버라도
Pride Mountain 프라이드 마운튼 / Clos Pegase 클로스 페가스
Hartwell 하트웰 / Selene Wines 셀린 와인즈 / Franciscan 프랜시스칸
Markham 마크햄 / Truchard 트루샤드 / Whitehall Lane 화이트홀 레인

ALEXANDER VALLEY
SONOMA COUNTY

CHATEAU SOUVERAIN	STRYKER SONOMA
TRENTADUE	MURPHY-GOODE
CLOS DU BOIS	WHITE OAK WINERY
CANYON ROAD	SAUSAL
GEYSER PEAK	JOHNSON'S ALEX. VLLY. WINES
SILVER OAK	ALEX. VLLY. VINEYARDS
DE LORIMIER	HANNA
	FIELDSTONE

ROBERT YOUNG

LANCASTER WINERY

STONESTREET

VÉRITÉ ESTATE WINERY

이국적이고 육감적인 시라

몇년전만 해도 미국의 와인샵에서 파는 레드 와인은 카버네 소비뇽과 멀로 일색이었다. 그런데 언젠가부터 시라가 등장하기 시작하더니 빠른 속도로 시장을 잠식, 지금은 카버네나 멀로 만큼이나 흔하게 찾아볼 수 있는 와인이 되었다. 이것은 미국뿐 아니라 전세계적인 현상으로, 사람들이 갑자기 시라의 매력을 알게 되기라도 한 듯 레드 와인이 잘 되는 지역마다 시라 재배가 엄청나게 늘었다.

시라는 색깔이 굉장히 진하고 맛도 강하며 풀바디에 이국적인 맛을 지녔다. 가장 큰 특징으로는 고무 탄 내와 후추향, 스파이스가 느껴진다는 것, 그리고 때로 초컬릿 같은 단맛도 느껴진다.

블랙베리와 블루베리의 맛이 지배적이라는 점에서는 카버네 소비뇽과 비슷하지만 시라에는 블랙 커런트(black currant)의 맛이 전혀 없고, 멀베리(mulberry: 뽕나무) 맛이 강하다는 점이 큰 차이로 지적된다. 그러나 우리 한국사람은 블랙 커런트와 멀베리의 맛이 어떤지 정확히 알지 못하기 때문에 뭐라 설명하기가 어렵다. 나 개인적인 인상으로 시라는 카버네보다 좀더 육감적이고 노골적으로 느껴진다. 원래 시라는 프랑스 론 지방과 호주에서 많이 재배되어온 품종인데 지금은 호주가 시라의 주요 생산지로 부상했다.(호주에서는 Shiraz라고 한다) 호주 외에도 세계 각국의 와인메이커들이 요 몇년새 시라에 몰두하기 시작하면서 미국을 비롯하여 칠레, 스페인, 이탈리아, 남아공화국 등지에서 가장 활발하게 재배되고 있는 적포도 품종의 하나가 되었다.

미국에서는 캘리포니아 중부 파소 로블스에서 많이 재배하는데 사실은 나파, 소노마, 산타바바라 등 가주 전지역의 모든 와이너리가 시라 와인을 만들고 있다고 해도 과언이 아니다. 워싱턴 주에서도 좋은 시라가 나오면서 2000년 이후 캘리포니아 주와 워싱턴 주에서 시라 재배량은 무려 3배가 늘었다.

시라는 아주 흥미로운 와인이다. 재배지역의 토양에 따라, 날씨에 따라, 또한 와인메이커가 빚어내는 스타일에 따라 맛이 크게 달라지기 때문이다. 프랑스 시라, 호주 시라즈, 미국 시라가 다 다르고, 프랑스 론 지방에서도 북부 론의 시라와 남부 론의 시라가 다르다. 호주산은 프랑스산보다 더 달고 진한데 호주산도 남부 스타일과 남동부 스타일이 또 다르다. 호주의 시라즈는 맛이 너무 진하고 이국적이며 아주 진한 검보라색에 굉장히 달큰한 맛, 캘리포니아 진판델과 비슷하게 느껴질 정도의 진득한 초컬릿 맛과 함께 남반구의 이국적 향이 압도적이다. 어찌나 풍만하고 요염한지 커피로 치면 진한 에스프레소 한 잔을 입에 머금은 듯 강렬한 맛이다.

최근 들어 미국의 와인전문가들은 서늘한 지역에서 재배된 시라에 주목하고 있다. 더운 지역에서 자란 시라는 과일향이 진하고 부드럽지만, 찬 지역에서 자란 시라는 산도와 태닌이 풍부하여 색다른 스타일의 드라이한 시라를 만들 수 있기 때문이다.

캘리포니아의 소노마, 카네로스, 그리고 산타바바라 지역, 그 중에서도 산타 리타 힐스(Santa Rita Hills)의 시라가 그런 섬세한 맛을 보여준다. 천천히 익어서 10월말이나 11월에 수확하는 시라는 좀 더 절제되어 가라앉은 복합적인 맛과 향을 갖고 있다는 평이다.

• Cheese Pairing: 맛이 날카로운 체다(Sharp Cheddar), 에담(Edam), 구다, 까망베르, 드라이한 몬터리 잭(Dry Monterey Jack), 파미잔(Parmesan) 치즈와 좋은 궁합을 이룬다.

Lafond, Santa Rita Hills

라펀드는 산타 바바라 일원에서 내가 가장 좋아하는 와이너리로, 산타 바바라에 갈 때마다 빼놓지 않고 들르는 곳이다. 깔끔한 건물 외관과 테이스팅 룸, 때론 오크통 창고에서 시음하는 분위기도 좋지만 무엇보다 와인 맛이 아주 훌륭해서 이제껏 한번도 실망한 적이 없다. 샤도네, 피노 누아, 시라 모두 대단히 매력적인데 특히 시라가 놀랄 만큼 맛있다. 더운 지방(프랑스 론이나 호주, 파소 로블스 등)에서 생산된 진하고 무거운 시라와 구별되는 날카로우면서 깨끗한 맛, 과일향과 산도와 태닌의 조화가 서늘하게 무르익은 맛이 인상적이다.

Price | 38달러 선

Havens, Napa Valley

나파 밸리의 약간 서늘한 지역에서 재배된 포도를 사용해 프랑스 론 스타일로 진지하게 만든 와인. 차분하고 감동적인 맛에 혀가 깜짝 놀란다. 시라의 특징인 스모키함과 후추향, 그와 함께 싱그런 과일향과 야생화의 향기가 코끝을 간지른다. 검은 열매와 모카, 적당히 조화된 오크향과 산도, 둥그렇게 모아진 씹히는 맛 등이 어떤 식사와 함께 해도 좋을 무난한 와인이다.

Price | 25달러 선

Lagier Meredith, Mount Veeder Napa Valley

2005 빈티지에 로버트 파커가 95점이나 준 훌륭한 시라. 그의 표현을 빌자면 "우아한 프렌치 스타일의 시라로, 진한 루비와 자주색이 아름다운 이 와인은 블루베리, 블랙 래즈베리, 스파이스와 간 후추의 향이 화려하게 퍼져 나오면서 산도, 알콜, 태닌, 오크향이 흠잡을 데 없이 조화롭다. 풀바디, 실키한 질감, 수려한 균형이 황홀하다." 와인 스펙테이터와 와인 앤 스피릿 잡지도 모두 92점을 주었다.

Price | 55달러 & Up

Andrew Murray, Central Coast

Hudson Vineyards, Carneros

Havens, Napa Valley

Zaca Mesa, Santa Ynez Valley

자카 메사는 산타바바라의 산타 이네즈 밸리에 1973년에 설립된, 이 지역에서 가장 오래된 와이너리 중 하나다. 93년산 시라는 '와인 스펙테이터 선정 1995년 100대 와인' 중 6위에 오른 경력이 있는데 이것이 산타바바라 산 와인이 가장 높이 평가된 기록이다. 또 자카 메사의 시라는 클린턴 대통령이 시라크 프랑스 대통령을 백악관에서 영접했을 때 서브한 와인으로도 알려져 있다.

첫 모금에 시라 특유의 진한 맛이 다가오면서도 어디하나 모난 데 없이 균형잡힌 맛을 가졌다. 부드러운 베리 향과 스파이스가 시라 품종 특유의 맛을 잘 표현하고 있다. 미디엄 바디에 태닌도 적당하고 약간의 스모키 오크향이 스며있어 시간이 갈수록 우아해지는 와인이다.

Price | 20달러 정도

Cayuse, En Cerise Vineyard, Walla Walla Valley

시라의 성격을 아주 분명하게 드러내는 워싱턴 와인. 흙내와 함께 스모키 향이 나면서 올리브 맛까지 느낄 수 있는 론 스타일의 시라다. 케유즈 빈야드의 소유주는 프랑스 인 크리스토프 바론으로, 미국에서 북부 론 스타일의 고급스런 시라를 만드는데 성공했다.

Price | 60달러 & Up

Dunham Cellars, Columbia Valley

월스트릿 저널과 와인 스펙테이터를 비롯한 와인전문지로부터 호평을 받은 와인으로 시라 100%의 순수한 맛을 갖고 있다. 블랙베리와 블루베리의 맛이 가장 잘 응축된 진한 시라의 맛을 보여준다. 석류와 달콤한 담배 향, 무게감도 있고 맛도 강렬하며 분명한 후추 향과 함께 애프터 테이스트의 여운이 길게 남는 훌륭한 와인이다.

Price | 45달러 정도

> **대표적인 레이블**

Joseph Phelps 조셉 펠프스 / Bonny Doon 바니 둔 / Alban 올반
Cakebread Cellars 케익브레드 셀라스 / Jade Mountain 제이드 마운튼
L'Ecole No. 41 레콜 넘버 41 / Qupe 쿠페 / Owen Roe 오웬 로
Columbia Crest 컬럼비아 크레스트 / Ojai 오하이 / Rosenblum 로젠블럼
Andrew Murray 앤드루 머레이 / Ridge 리지

캘리포니아의 대표 주자 진판델

04
ZINFANDEL
Zinfandel

GRGICH HILLS
ANNIVERSARY
1977
25
2002
ROBERT
MONDAVI
WINERY

와인은 품종에 따라 유명한 산지가 있다. 즉 나라별로 대표적인 와인이 있다는 말이다. 호주는 시라즈가 유명하다. 아르헨티나는 말벡이 대표 와인이고, 뉴질랜드는 소비뇽 블랑이 널리 알려져 있다. 칠레는 카르메네르, 독일은 리즐링, 캐나다는 아이스 와인, 포르투갈은 포트…. 각 나라마다 그곳의 토양과 기후 조건에서 가장 좋은 열매를 맺는 대표적인 포도품종이 한두 개씩은 있게 마련이다.

그렇다면 미국의 대표 와인은 무엇일까? 미국 내에서도 미 전체 와인의 90% 이상을 생산하고 있는 캘리포니아를 대표할 만한 포도는?

그것이 '진판델'이라고 하면 놀라거나 의아해할 사람이 많을 것이다. 레드 와인을 좋아하는 사람들은 많지만 진판델을 즐겨 마시는 사람은 찾아보기 힘들기 때문이다. 그러나 진판델은 캘리포니아에서 두 번째로 많이 재배되고 있는 붉은 포도(첫째는 카버네 소비뇽)로 요즘 들어 그 진가가 제대로 평가되기 시작해 인기가 날로 높아지고 있다. 진판델을 캘리포니아의 토종 포도라고 말하는 이유는 전세계에서 진판델을 재배하는 곳으로 캘리포니아 주가 거의 유일하기 때문이다. 진판델은 130여년전부터 가주에서 재배되어왔지만 그 품종의 모체가 무엇인지, 원산지가 어디인지에 대해서는 오랫동안 베일에 가려있었다. 그러다가 최근 DNA 검사를 통해서야 크로아티아가 원산지이며, 이태리 포도 프리미티보(Primitivo) 와 같은 품종이라는 사실이 확인되었다.

진하고 달고 태닌이 많은 진판델은 20세기 초 금주령 시대에 미국인들이 밀주를 만들 때 많이 사용했으나 이후 주목을 끌지 못하다가 1975년 달콤하고 가벼운 '화이트 진판델'이 등장하면서 싸구려 '저그(jug) 와인' 대량생산의 시대를 열었다. 나파 밸리의 서터홈(Sutter Home)이 처음 만들어낸 핑크빛의 '화이트 진판델'은 공전의 히트를 기록, 1980년대 이후 거의 모든 미국인들이 서터 홈과 베린저(Beringer), 리지(Ridge) 와이너리가 만든 '화이트 진'을 마셔봤다고 해도 과언이 아니다. 그런 이유로 사람들은 진판델이 붉은 포도이며 적포도주를 만들

C A L

**DELICIOUS
CALIFORNIA WINE
ZINFANDEL**

I F O

Zinfandel

R N

I A

041

수 있다는 사실 자체를 모를 정도로 아직까지 화이트 진판델이 적포도주 진판델의 인기를 훨씬 능가하고 있고 지금도 미국에서 가장 많이 팔리는 와인으로 기록되고 있다.

'진짜' 레드 진판델이 다시 주목받기 시작한 것은 불과 10여년 사이. 1990년대 들어서 진판델 고유의 맛과 개성을 발견한 와이너리들이 진지한 진판델 적포도주를 만들기 시작했고, 캘리포니아만의 특별한 와인을 찾던 사람들이 진판델 애호가가 되었다.

진판델의 맛은 베리 맛이 가장 큰 특징으로 블랙베리, 블루베리, 블랙체리 향이 진하게 나며 감초와 라즈베리, 후추향, 스파이스도 느껴진다. 미디엄에서 풀바디, 진하고 태닌도 적지 않아 처음 마시는 사람에겐 부담스러울 수도 있다. 과일향이 풍부하고 달며, 알콜 도수도 높기 때문에 포트 와인이나 진한 시럽을 마시는 듯한 느낌도 가질 수 있다.

포도알은 굵고, 검푸른 색이며 달콤하고 즙이 많아서 와인메이커에 따라 다양한 스타일로 와인을 만들어낼 수 있다는 것이 또 다른 매력이자 장점인데 클라렛처럼 약간 가벼운 스타일이 있는가 하면 늦게 수확한 포도로 포트 와인처럼 진한 스타일로 만들기도 한다.

주로 캘리포니아 북쪽, 소노마 카운티 쪽의 서늘한 해안 지역(Dry Creek Valley, Sonoma Valley, Lytton Springs, Geyserville)에서 좋은 품질의 진판델이 많이 만들어진다. 진판델은 그 진하고 달콤한 맛만큼이나 알콜 함량이 높다. 보통이 15%가 넘고 16% 넘는 것도 드물지 않다.

• Cheese Pairing: 브리, 까망베르, 구다, 몬터리 잭 드라이, 샤프 체다, 파미잔 치즈 등과 어울린다.

"BEER IS MADE BY MEN, WINE BY GOD."

- Martin Luther

Rosenblum, Carla's Vineyards

수의사 켄트 로젠블럼과 그의 아내 캐시가 30년전 설립한 로젠블럼은 캘리포니아 진판델의 대명사처럼 여겨지는 와이너리다. 나파 밸리와 소노마 카운티, 파소 로블스, 산타바바라 등 캘리포니아의 전역에서 생산된 포도를 사용해 산지 별로 무려 20여 종류의 진판델을 만드는데 15~50달러 정도의 가격대에 언제나 고르게 우수한 맛을 유지하기 때문에 전문가들로부터 아주 좋은 평가를 받고 있다. 칼라스 빈야드에서 나오는 진판델은 수령 100년의 나무에서 얻어지는 특별한 맛-잘 익은 체리와 자두, 블랙베리, 올리브 맛이 진한 향기와 어우러져 진판델 와인의 진수를 표현하고 있다.

Price │ 25달러 선

Frank Family, Napa Valley

나파 밸리의 가장 북쪽 칼리스토가에 위치한 프랭크 패밀리 비녀드는 할리웃의 실력자 리치 프랭크 가족이 소유한 와이너리로 생산량은 많지 않지만 몇 종류의 레드 와인과 샴페인, 포트까지 상당히 괜찮은 와인들을 만들고 있다.

Zinfandel
delicious wine

Rosenblum, Carla's Vineyards

Ridge, Geyserville

리치 프랭크는 디즈니 TV와 월트 디즈니 스튜디오, 패라마운트 TV 그룹의 회장이었으며 TV예술학회 아카데미 회장을 6년이나 지냈고 은퇴한 후에도 마케팅 회사겸 강력한 에이전시를 합병해 이사장을 지낸 거물이다.

프랭크 패밀리 비녀드에서 나오는 와인들은 마치 그의 정열적인 삶을 표방하듯 진하고 농축된 맛을 지녔다. 특히 진판델은 색깔과 무게에서부터 아주 리치하고 무거운데 그런 가운데서도 진판델 품종의 특징인 블랙 체리와 블루베리의 맛을 제대로 구현하고 있다. 태닌과 스파이스도 많이 느껴지고 뒷맛의 여운이 오래 이어지는 만족스런 와인이다.

Price | 30달러 & Up

Ridge, Geyserville

소노마 카운티의 유서깊은 리지 빈야드는 1976년과 2006년에 열린 '보르도 대 나파의 대결'로 유명하다. 리지의 71년산 카버네 소비뇽(Monte Bello)이 76년 대결에서는 5위를, 2006년 대결에서 1위를 차지한 사실은 전세계 와인업계에서 모르는 사람이 없을 것이다.

그런데 리지 비녀드는 카버네 소비뇽 뿐 아니라 맛있는 진판델로도 유명하다. 리지는 각기 다른 지역의 여러 포도원에서 나오는 약 10종류의 진판델을 만들고 있는데 특히 리튼 스프링스(Lytton Springs)와 가이저빌(Geyserville)에서 나오는 진판델이 아주 맛있다. 그 중에서도 1966년부터 양조돼온 가이저빌의 것은 수령이 제법 오래된 나무에서만이 얻어질 수 있는 우아함과 파워가 특징이다. 진한 검보라빛 컬러에 블랙베리와 시다 향이 크고, 검은 과실들의 응축된 맛이 약간의 스파이스와 잘 조화돼 있다. 태닌도 단단해서 앞으로 10년 정도 무난히 숙성할 것으로 기대된다.

Price | 35달러 정도

대표적인 레이블

Cline 클라인 / Dry Creek 드라이 크릭 / Ravenswood 레이븐스우드

St. Francis 세인 프랜시스 / Turley 털리 / Martinelli 마티넬리

Carlisle 칼리슬 / Merry Edwards 메리 에드워즈 / Saxon Brown 색슨 브라운

Peach Canyon 피치 캐년 / Frog's Leap 프록스 립 / Gamba 갬바

시인의 숨결 피노 누아

05
PINOT NOIR

Pinot Noir

피노 누아는 시적(poetic)이며, 길들여지지 않은 야생마의 숨결과도 같다. 때로 잘 만든 피노 누아를 만나면 글래스에 차오르는 꽃향기에 취해 나의 영혼이 노래하고 환호하는 것을 느낀다. 피노 누아는 까다롭고 예민한 애인과 같아서 조심스럽지만, 그 신비로움이 끊임없이 나를 매혹시키는, 아주 특별한 와인이다. 미국의 피노 누아를 이해하기 위해선 'BS'와 'AS'를 알아두는 것이 좋을 것 같다. 즉 2004년 영화 '사이드웨이즈'(Sideways)가 나오기 이전인가(Before Sideways), 아니면 그 이후인가(After Sideways)로 나뉜다는 말이다. 다음은 이 영화에서 주인공 마일스가 독백처럼 내뱉는 말이다.

"껍질이 얇고 변덕스럽고 일찍 익어버리지. 카버네처럼 그냥 놔둬도 어디서나 잘 자라는 생존자가 아니야. 누군가 시간을 들여 그 잠재력을 진실로 이해했을 때만 피노는 충만하게 표현하고 피어나거든. 그리고 그럴 때의 그 맛은 가장 빛나고 인상적이며 부드럽고 스릴있는 와인이 되는거야"

이 대사를 들은 후에 피노 누아를 마셔보고 싶지 않은 사람이 몇이나 될까. '사이드웨이즈'가 히트한 후 멜로의 인기는 바닥을 친 반면 피노 누아의 인기가 급상승한 것은 전혀 이상한 일이 아니다.

피노 누아는 사실 그 전까지 모든 사람에게 대중적으로 어필하는 와인은 아니었다. 진한 맛의 카버네 소비뇽을 좋아하는 사람 중에는 피노 누아가 싱겁다고 말하는 사람이 적지 않다. 실제로 내가 아는 어떤 사람은 '로마네 콩티'(Romanee Conti)를 마신 후에 "도무지 싱거워서 무슨 맛인지 모르겠더라"고 하는 절대 용서할 수 없는 코멘트를 남긴 적이 있다. 한 병에 수천달러나 하는 세계 최고의 와인을 마시고도 말이다.

그런데 바로 그 이해하기 어려운 테이스트, 까다롭지만 섬세한 맛, 백포도주와 적포도주의 성질을 다 갖고 있으면서 자신만의 독특한 매력을 잃지 않는 맛 때문에 와인 애호가들 중에는 피노 누아에 깊이 빠진 컬트족이 있을 정도다.

피노 누아는 적포도주 중에서 가장 가벼운 와인으로 색깔이 연하고 맛이 경쾌하다. 떫은맛의 태닌이 적고 베리와 체리 등 과일향이 풍부하며 그 가운데 버섯향과 흙냄새가 나고 캘리포니아 산 와인에서는 약간의 커피와 모카 향도 맡을 수 있다.

피노 누아는 기르기 힘들고 변덕스러우며 끊임없는 관리와 보살핌이 필요한 품종이다. 기후와 토양에 매우 민감하며 날씨가 차고 습도가 높은 지역에서 잘 자라는데 껍질이 얇고 쉽게 익어버리거나 곰팡이가 피는 일도 잦아 재배에 정성을 기울여야 한다. 그러나 잘 익은 포도로 잘 빚어진 피노 누아는 최상의 맛으로 보답한다.

캘리포니아에서는 샌타바바라, 파소 로블스, 나파 밸리, 소노마 카운티 등지에서 고루 재배되지만 가장 좋은 산지는 소노마와 오리건주 윌라멧 밸리(Willamette Valley)로 꼽힌다. 프랑스에서는 부르고뉴(Bourgogne) 지방에서 나오는 버건디(Burgundy) 포도주가 100% 피노 누아로 만든 와인이다. 요즘에는 뉴질랜드 산 피노 누아도 각광받고 있다.

피노 누아의 또 다른 매력이라면 다른 품종과 섞이기를 거부하고 100% 자기 혼자만의 맛으로 승부를 건다는 것이다. 거의 모든 적포도주들이 여러

"WINE. THE INTELLECTUAL PART OF THE MEAL."
- Alexandre Dumas

ERIDIAN · VINEYARDS
← 23 MILES

PEACHY·CANYON
← 16 MILES

ORMAN VINEYARDS
← 8 MILES

WILD HORSE WINERY
← 20 MILES

HALF BOTTLE
ROUND-UP

품종을 섞어서 만들어지는데 반해 피노 누아는 오로지 혼자의 맛으로 자신을 드러내는, 약해 보이지만 사실은 강인한 포도주인 것이다. 아마도 그런 이유에서 프랑스에서는 보르도 와인을 여성적인 와인으로, 브루고뉴 와인을 남성적인 와인으로 표현하는지 모르겠다.

피노 누아는 화이트 와인에 가까운 레드 와인인 만큼 음식과 어울리는 폭도 매우 넓다. 백포도주와 어울리는 음식, 적포도주와 어울리는 음식을 거의 대부분 다 소화해내기 때문이다. 식당에서 여러 사람이 모여 식사할 때 생선도 시키고 소고기도 시키고 닭고기도 시키고 야채요리도 시키면 레드와 화이트 중 어떤 와인을 주문해야할 지 망설여지는데 이때 피노 누아를 오더하면 모든 음식과 무난하게 매치할 수 있다.

한국음식 중에는 삼겹살 구이와 찰떡궁합을 이루며 개인적으로는 버섯요리와 함께 마셨을 때 감동적인 맛을 선사했다.

• Cheese Pairing: 에담, 페타(Feta), 구다, 스위스, 몬터리 잭, 로크포르(Roque-fort), 체다 등 여러 종류의 치즈와 두루 잘 매치시킬 수 있다.

Williams Selyem, Russian River Valley

이제껏 마셔본 캘리포니아 산 피노 누아 중 최고의 맛. 첫 모금부터 감격의 오열을 불러일으킨 와인으로 투명한 루비 빛깔이 너무나 아름답고 꽃향기와 자두향기가 섬세한 맛을 내면서 밸런스가 훌륭하고 기품 있는, 깨끗한 뒷맛이 특히 인상적이다. 소노마 카운티에 위치한 윌리엄스 셀리엄의 피노 누아는 컬트 와인으로 분류될 만큼 구하기 어렵고 값도 비싸다.

이 와이너리에서는 각각 다른 산지에서 수확된 포도로 만든 피노 누아 10여종류가 출시되고 있는데 프리미엄 급(Precious Mountain 이나 Hirsch 산)은 병당 150 달러를 호가한다.

Price | 80달러 & Up

Flowers, Sonoma Coast

웨스트 LA의 가장 인기있는 와인바 AOC에 갔을 때 "손님들이 마셔보고 가장 좋게 평가한 와인을 달라"고 주문한 적이 있다. 그때 소믈리에가 가져온 와인이 플라워스 피노 누아였는데 함께 마신 일행이 모두 너무 좋아했었다. 그 이후 레스토랑 와인 리스트에서 이 와인을 발견할 때면 주저없이 주문하곤 하는데 함께 식사하는 사람들마다 맛있다고 기뻐하는 모습을 보게 된다.

플라워스는 북가주 소노마 카운티에 있는 와이너리로, 여기서 만드는 피노 누아는 정말 꽃처럼 예쁘고 맛있다. 자두와 체리, 각종 베리의 잘 익은 과일향과 깨끗한 산도, 미디엄 바디의 몸체가 아주 사이좋게 조화를 이뤄 깨끗하고 밝은 맛을 낸다. 약간의 태닌도 있고, 오크통에서 1년여 숙성하기 때문에 몇년 정도는 잘 익어갈 수 있다고 본다. 매년 출시되는 즉시로 날개 돋힌 듯 팔리기 때문에 눈에 띄는 즉시 사두는 것이 좋다.

Price | 50달러 정도

Pinot Noir

delicious wine

J, Russian River Valley

Flowers, Sonoma Coast

La Crema, Sonoma Coast

Morgan, Rosella's Vineyard, Santa Lucia

Williams Selyem, Russian River Valley

J, Russian River Valley

J 라는 알파벳 한 글자 이름이 특이한 이 와이너리는 한인들도 많이 아는 '조던' (Jordan) 와이너리의 주인인 탐 조던의 딸 주디 조던이 운영하는 곳이다. 조던이 카버네 소비뇽과 샤도네, 딱 두 종류만 만드는 섯져럼 J 와이너리는 맛있는 샴페인과 피노 누아로 유명하다.

J 피노 누아는 너무나 맛있다. 깨끗하고 섬세하고 향기로우며 우아하다. 부르고뉴

스타일로 만들어진 와인으로 딸기와 체리, 래즈베리 등 여러 복합적인 과일향을 포함하면서 오크통 발효와 숙성에서 얻어진 바닐라, 후추, 콜라 등의 터치, 그리고 풍요로운 소노마 카운티의 토양이 내어준 부드럽고 우아한 흙맛이 팔레트를 감전시킨다.

Price | 30달러 선

Morgan, Rosella's Vineyard, Santa Lucia

좋은 피노 누아의 생명인 산도가 적당히 살아있는 상쾌한 피노 누아. 체리와 민트가 느껴지고 가죽 향과 바닐라, 미네랄, 체리와 베리, 장미꽃 향이 흙냄새와 함께 아름다운 밸런스를 이루고 있다.

Price | 30달러 정도

Sanford, Santa Rita Hills

샌포드 와이너리는 영화 '사이드웨이즈'에 등장하여 그 특수를 가장 많이 누린 와이너리다. 영화에서 나오는 테이스팅 룸의 서버가 실제 인물이기 때문에 그곳에 가면 신선처럼 긴 수염을 기른 테이스팅 서버를 만날 수 있었기 때문이다. 작고 볼품없는 테이스팅 룸이 너무 붐볐던지 샌포드 와이너리는 좀 떨어진 곳에 새로운 건물을 짓고 테이스팅 룸도 이전했다. 그러니 와인 맛도 좀 달라졌거나 왠지 건방져졌을지 모른다는 우려를 내심 갖고 있었는데, 얼마전(2008년 2월) 방문 때 그런 우려는 기우였음을 알게 됐다. 그들은 덧없는 세상 풍조와 상관없이 그들만의 와인을 만들고 있었던 것이다. 그러나 긴 수염의 테이스팅 서버는 만나지 못했다. 산타 리타 힐스 포도원에서 나온 피노 누아는 과일향이 적극적으로 튀어나오면서 뒷맛이 깨끗해 그냥 마셔도 맛있고 여러 음식들과도 잘 어울린다. 다양한 베리 맛이 밝은 산도, 약간의 태닌과 함께 예쁜 균형을 이루고 있다.

Price | 30달러 정도

Artesa, Carneros

나파 밸리와 소노마 카운티를 이어주는 지역인 카네로스에 위치한 아테사 와이너리는 웬만한 도시의 현대미술관을 방불케 하는 건축물과 아트 컬렉션이 세련된 외관을 자랑한다.

카네로스는 선선한 날씨 덕에 품질 좋은 피노 누아와 샤도네가 재배되는데 아테사의 피노 누아는 특히 향기롭고 우아하다. 체리 향과 스파이스, 스모키 오크 플레이버가 균형잡힌 조화를 이루고 있으며 가격에 비해 화려한 맛을 보여준다.

Price | 25달러 선

대표적인 레이블

A to Z 에이 투 지 / Acacia 아카시아 / La Crema 라 크레마
Au Bon Climat 오 봉 클리마 / Saintsbury 세인츠베리 / Cline 클라인
Etude 에튀드 / Gary Ferrel 개리 퍼렐 / Robert Mondavi 로버트 몬다비

백포도주의 왕 샤도네

06
CHARDONNAY

Chardonnay

"만일 샤도네가 존재하지 않았다면 누군가 발명했어야만 했다"는 말이 있다. 그 정도로 와인의 세계에서 샤도네는 중요하고도 선호도가 높은 백포도주다. 미국인들도 가장 좋아하는 와인으로 샤도네를 꼽고 있으며, 어느 모임이나 파티에 가봐도 화이트 와인으로는 샤도네가 빠지지 않고 등장한다.

특히 미국에서 캘리포니아 샤도네의 인기는 모든 화이트 와인을 합친 것보다 5배나 많고, 모든 레드 와인을 합친 것보다 소비되는 양이 많다는 통계도 나온 적이 있다. 2005년 현재 캘리포니아에서만 매년 4,300만 케이스의 샤도네가 생산 판매되고 있다. 심지어 와인 애호가들 사이에는 ABC란 약자가 꽤 널리 알려져 있는데 바로 '샤도네만 마셔요'(Anything But Chardonnay)를 뜻하는 말이다.

그런데 샤도네는 백포도주 중에서 가장 무겁고 진한 와인이다. 따라서 음식과 함께 즐기기에는 좀 헤비한 편이고, 음식을 떠나 와인만 마시기에도 부담스러울 때가 있다. 나 개인적으로도 식사나 파티를 위해 와인을 고를 때 화이트 와인으로는 샤도네를 제쳐두고 가벼운 리즐링이나 피노 그리, 혹은 소비뇽 블랑 같은 와인을 선택한다.

샤도네의 본고장은 프랑스 부르고뉴이지만 프랑스를 벗어나 가장 많이 재배되는 곳은 미국이며, 그중에서도 캘리포니아 주에서 재배되는 샤도네 양이 프랑스 전체에서 재배되는 양보다 많다. 샤도네는 기후나 토양에 그다지 크게 영향받지 않고 적응력이 높으며 잘 자라기 때문에 포도를 재배하는 거의 모든 지역에서는 샤도네를 재배할 수 있다. 그리고 웬만큼만 잘 만들어도 마실만하기 때문에 전세계에서 가장 쉽게 보급되는 와인으로 꼽힌다.

샤도네는 다른 백포도주 품종보다 과일향이 많지 않고 맛이 튀어나지 않으며 다소 중성적인 성질을 갖고 있어서 토양과 와인메이커의 취향에 따라 여러 가지 스타일의 샤도네가 창조될 수 있다. 샤도네를 말할 때 캘리포니아 스타일, 호주 스타일, 부르고뉴 스타일을 따지는 것은 그에 따라 다른 맛의 샤도네를 기대할 수 있기 때문이다.

예를 들어 호주산이나 캘리포니아산 샤도네는 오크향이 강하고 진하며, 버터와 바닐라 맛이 많이 느껴지는 황금색 백포도주다. 반면 프랑스산이나 이탈리아산 샤도네는 좀더 가볍고 과일향이 신선하며 신맛이 강하면서 섬세하다.

또 샤도네는 다른 어떤 백포도주보다 오크향과 잘 맞고 쉽게 흡수하는 친화력을 갖고 있기 때문에 오크통에서 오래 숙성했거나 발효까지 오크통에서 한 샤도네는 리치한 맛과 향이 압도하게 된다. 신세계 스타일로 만들어진 캘리포니아 샤도네는 앞서 말했듯이 오키한 스타일, 즉 진하고 풍만하며 헤비한 스타일이 주를 이룬다. '오키'(oaky) '버터리'(buttery) '크리미'(creamy)란 단어는 미국 샤도네를 가장 잘 설명해주는 표현들이다. 그 기준이 되다시피한 나파 밸리의 켄달 잭슨의 샤도네를 한 모금 입에 머금으면 진한 크림을 입안 가득 머금은 듯 무겁고 버터와 바닐라 향이 진하게 풍겨온다.

그래서인지 황금빛의 진한 캘리포니아 샤도네 스타일이 최근 연하고 신맛이 튀어나는 그런 색의 유럽 스타일로 바뀌고 있다. 전문가들은 크고 과장되고 풍만한 스타일을 자랑함으로써 대중의 입맛에 아첨해오던 캘리포니아 샤도네가 이제야 진정한 맛을 찾기 시작했다고 평가한다. 뭐든지 진한 것에는 쉽게 싫증나고 물리게 마련. 초보 수준이었던 미국인들의 와인 취향이 이제는 서서히 깊고 섬세한 미각으로 발달해가는 추세를 보이는 것인지도 모른다.

하지만 프랑스 산 와인의 맛이 모든 와인의 표준은 아니므로 아메리칸 고유의 스타일 샤도네를 만드는 것이 캘리포니아 와이너리들의 과제라고 본다.

• Cheese Pairing: 순한 체다(Mild Cheddar), 드라이 몬터리 잭, 그뤼에르 (Gruyere), 파미지아노, 프로볼론(Provolone), 캄바졸라(Cambazola), 스틸튼 (Stilton), 고우트 치즈(Goat Cheese), 구다 등 많은 종류의 치즈와 잘 어울린다.

Far Niente, Napa

이국적인 이름과 예쁜 레이블이 인상적인 파 니엔테는 내가 개인적으로 가장 좋아하는 와이너리 중 하나다. 샤도네와 카버네 소비뇽, 단 두 종류만을 출시하는 고급 와이너리로 자매회사인 '니클 앤 니클'(Nickel & Nickel)과 '돌체'(Dolce) 와이너리도 아주 특별한 와인만 생산하고 있다.

79년 첫 샤도네를, 82년 첫 카버네 소비뇽을 출시한 이래 우아하고 고급스런 스타일의 와인으로 유명해진 파 니엔테는 와인 가격이 샤도네 약 50달러, 카버네 소비뇽 100달러 이상이라 쉽게 마실 수 있는 와인은 아니지만 한번 맛본 사람들은 맑고 환상적인 샤도네의 맛을 두고두고 잊지 못한다.

와인 전문잡지들이 거의 매년 '올해의 샤도네'로 꼽을 만큼 정교하고 우아한 맛을 갖고 있다. 캘리포니아 특유의 강렬함에 프랑스 스타일의 섬세함이 결합된 신선한 맛, 좀더 가볍고 깨끗하며 신맛이 돌면서 부드러운 맛을 낸다. 멜론과 무화과의 달콤하고 상큼한 맛, 시트러스의 새콤짜릿한 맛이 탄탄한 바디와 아주 섬세하게 조화돼있어 아름답고 기품있는 귀부인을 만난 듯하다.

한편 자매 와이너리인 '니클 앤 니클'에서도 질좋은 샤도네를 만들고 있는데 시어비 포도원(Searby Vineyard) 것과 트루샤드(Truchard) 비녀드 것이 30~40 달러 대에서는 아주 드물게 맛있는 샤도네를 생산한다.

Price | 50달러 정도

Chateau Montelena, Napa

1976년 파리에서 열린 '보르도 대 나파의 와인 대결'에서 73년산 샤토 몬텔레나 샤도네가 1위를 차지한 이후 나파 밸리 와인, 즉 미국 와인의 위상은 하루 아침에 달라졌다.(그런데 30여년간 '캘리포니아의 자존심'을 대변했던 샤토 몬텔레나는 2008년 7월 프랑스의 샤토 코스 데스투르넬(Chateau Cos-d'Estournel)에 매각됐다)

와인평론가 로버트 파커가 "지난 25년간 끊임없이 훌륭한 점수를 얻은 캘리포니아의 유일한 와이너리"라고 극찬한 바 있는 샤토 몬텔레나는 정원과 연못이 무척 아름답고 평화로운 와이너리로 76년 이후 지금까지 변함없이 우아하고 수려한 샤도네를 만들고 있다.

아주 밝은 황금색이 빛나는 이 와인은 사과와 멜론, 그레이프프룻의 향기와 함께 약간의 꽃향기가 진하게 풍겨나면서 둥글게 균형잡힌 우아한 맛, 풀바디의 리치함과 함께 경쾌한 산도를 머금은 클래식한 샤도네의 맛을 잘 구현하고 있다.

Price | 40달러 정도

Marcassin, Bondi Ranch

피노 누아와 샤도네를 한 해 2,000케이스 정도 생산하는 마카신 와이너리는 컬트 와인의 범주에 넣어도 좋다. 마카신 와인은 점점 인기가 높아져 매년 가격이 계속 치솟고 있는데 몇해전 60달러이던 것이 그 다음해 75달러, 지난해 90달러, 지금은 200달러가 넘는 식으로 엄청 오르는 양상을 보이고 있다.

그래도 아무나 살 수 없는 것이 생산량이 한정돼있어 메일링 리스트에 이름을 올려야 살 수 있는데 그 리스트 대기자가 현재 5,000명이 넘는다고 한다.

북가주에서 '와인의 여신' 혹은 '와인의 천재'로 불리는 와인메이커 헬렌 털리가 만드는 마카신 샤도네는 소노마 카운티가 보여줄 수 있는 최고의 맛이라 평가된다. 그 리치하고 복합적인 여러 층의 맛, 각종 과일 향과 미네랄이 뒤섞인 테이스트 때문에 전문가들로부터 대단한 호평을 이끌어내고 있다.

Price | 250달러 이상

Simi, Russian River Valley

소노마 카운티에 자리잡은 시미 와이너리는 간단한 이름만큼이나 단순하면서 집중된 맛의 와인들을 생산한다. 거의 모든 종류의 와인이 가격에 비해 좋은 품질을 보여주는데 특히 러시안 리버 밸리산 '리저브' 샤도네는 부담없는 저녁 식탁에서 서브하기 좋은 화이트 와인으로 추천할 만하다. 파인애플, 코코넛, 바닐라 등 다양한 열대과일의 맛이 오크향과 크리미 텍스처와 적당히 어우러져 기분 좋게 팔레트를 자극한다.

Price | 25달러 정도

Kendall Jackson, Grand Reserve

오키, 버터리, 크리미로 대변되는 풍만한 캘리포니아 샤도네의 맛을 잘 구현한 샤도네. 여러 종류의 와인을 대량생산하는 켄달 잭슨은 기대 이상으로 품질 관리를 잘 하고 있는데 특히 '그랜드 리저브' 시리즈의 샤도네는 상쾌하고도 우아한 화이트 와인의 전형을 보여준다. 사과와 오렌지, 레몬 맛이 퍼지면서 부드러운 풀바디의 캐릭터-너트와 바닐라, 망고, 복숭아의 맛들이 모두 여기저기서 튀어나온다. 스타일리시한 캘리포니아 샤도네의 맛.

Price | 16달러 이상

Chasseur Hunter Wine Cellars

약간 그린 톤의 섬세한 색깔이 특징으로 리치하면서도 세련된 맛의 샤도네. 충분한 오크향에 진하고 풍만한 캘리포니아 샤도네의 전형적인 맛이 느껴지면서도 새콤한 시트러스의 산도가 살아있는 화려한 샤도네로 마치 크림 브륄레 디저트나 브리오쉬를 먹는 듯한 느낌마저 갖게 된다. 아주 소량 생산하기 때문에 쉽게 찾을 수 없는 것이 단점.

Price | 55달러 선

Meridian Vineyards

샤도네라는 포도의 맛을 아주 충실히 살린 와인으로 생산량도 엄청나게 많고

Chardonnay

delicious wine

Kendall Jackson, Grand Reserve

Far Niente, Napa Valley

(35만 케이스) 가격도 싸기 때문에 대형 파티에서 부담없이 서브하기 좋다. 산타바바라 산 포도로 만들고 있으며 보통은 100% 샤도네 품종을 사용하는 반면 메리디언에서는 3% 게부르츠트라미너를 섞어서 꽃향기와 열대 과일의 맛을 살렸다.

Price | 7달러 선

대표적인 레이블

Robert Mondavi 로버트 몬다비 / Beringer 베린저

Domaine Alfred 도멘 알프레드 / Newton 뉴튼 / J Lohr 제이 로어

R.H. Phillips 알에치 필립스 / Chalk Hill 초크 힐

Toasted Head 토스티드 헤드 / Clos du Bois 클로 뉘 부아

St. Francis 세인 프랜시스 / Cambria 캠브리아

Stags Leap Winery 스택스 립 와이너리

가장 캘리포니아스러운 소비뇽 블랑

07
SAUVIGNON BLANC

소비뇽 블랑은 캘리포니아와 가장 잘 어울리는 와인이다. 청명한 날씨, 가볍고 다양한 음식, 즐겁고 경쾌한 분위기…. 연중 햇살이 눈부신 캘리포니아에서 사람들은 샐러드와 파스타와 시푸드와 스시를 즐겨 먹고, 대개는 유쾌하고 낙관적인 대화를 나누며, 해변과 공원을 자주 찾고, 인생을 최대한 즐기겠다는 여유를 갖고 산다. 이보다 더 '소비뇽 블랑적'인 지역도 찾아보기 힘들 것이다.

소비뇽 블랑은 전세계에서 샤도네 다음으로 많이 생산되는 백포도주. 좋아하는 사람은 굉장히 좋아하고 그렇지 않은 사람은 별 매력을 느끼지 못하는 조금 특이한 화이트 와인이다.

요즘은 캘리포니아와 뉴질랜드 산 소비뇽 블랑이 유명하고 칠레 산과 남아공화국 산도 품질이 좋기로 알려졌지만 원조는 프랑스 루아르(Loire) 지방의 상세르 (Sancerre)와 푸이 퓌메(Pouilly-Fume)다.

캘리포니아에서는 19세기 후반부터 재배됐으나 별로 주목받지 못하고 '샤도네의 가난한 사촌' 쯤으로 여겨졌으며 1950년대에는 달짝지근한 싸구려 저그 와인으로 만들어졌다.

지금과 같은 드라이 소비뇽 블랑이 만들어진 것은 1968년 로버트 몬다비에

C A L

DELICIOUS
CALIFORNIA WINE
SAUVIGNON BLANC

I F O

Sauvignon Blanc

R N

I A

의해서다. 캘리포니아 와인업계의 전설이며 대부이고 마케팅의 귀재였던 몬다비는 좀 주목을 끌어볼 양으로 소비뇽 블랑의 이름을 '푸메 블랑'(Fume Blanc)이라고 새롭게 만들어냈는데 그 아이디어는 소비뇽 블랑의 원산지인 프랑스 루아르 밸리에서 이 와인을 '블랑 푸메 드 푸이'(Blanc Fume de Pouilly)라고 부르는 데서 가져온 것이다.

그러므로 푸메 블랑은 소비뇽 블랑과 똑같은 와인이며, 캘리포니아에서만 사용되는 단어이고, 지금은 로버트 몬다비 외에도 페라리 카라노, 샤토 세인 진, 드라이 크릭 등의 와이너리들도 푸메 블랑이란 이름을 사용하고 있다.

몬다비의 노력에도 불구하고 샤도네의 그림자에 가려있던 소비뇽 블랑은 2000년대 들어서야 그 인기가 크게 높아졌다. 현재는 캘리포니아의 거의 모든 와이너리에서 소비뇽 블랑을 만들고 있으며 어느 식당이나 마켓에서도 쉽게 찾아볼 수 있을 만큼 인지도도 높아졌다.

사실 소비뇽 블랑 품종은 재배가 쉽고 양조 단가가 싸게 먹히는데다 쉽고 빨리 팔리기 때문에 와이너리 입장에서도 생산량을 늘이기 좋은 와인이다. 따라서 가격도 10~15달러 정도로 비싸지 않아 더 부담이 없다.

소비뇽 블랑의 특징적인 테이스트는 찌르는 듯한 풀 향기, 허브 향이다. 그리고 부서질 듯 크리스피(crispy)하고, 입안이 짜릿할 만큼 클린(clean)한 맛을 가졌다. 혀의 양 옆에서 침이 확 고일 정도로 산도가 높으면서 사과, 키위, 라임 등 과일 맛과 아스파라거스, 셀러리, 야채 맛이 가득허기 때문에 다른 백포도주와 쉽게 구별된다.

좋은 소비뇽 블랑을 마실 때는 금방 깎은 잔디밭 냄새, 제초기로 풀밭을 밀고 다닐 때 나는 푸릇푸릇한 잘린 풀 냄새가 싱그럽다. 그러므로 소비뇽 블랑을 살 때는 가장 최근의 빈티지를 고르는 것이 좋다. 소비뇽 블랑은 숙성해서 맛있는 와인이 아니라 신선하고 발랄할 때 맛있는 와인이기 때문이다.

캘리포니아 산 소비뇽 블랑은 뉴질랜드나 프랑스 산에 비해 좀더 오키(oaky)하고

맛도 진하며 알콜 도수도 높다. 그에 비해 뉴질랜드의 소비뇽 블랑은 오크통을
거의 사용하지 않지만 프랑스의 것보다는 과일향이 많고 산도도 높다.

소비뇽 블랑은 특별히 시푸드와 잘 어울리지만 거의 모든 음식에 훌륭하게 매치할
수 있다. 굴요리, 게, 랍스터 등과 좋은 짝이고, 산도가 높아서 샐러드와도 잘
어울리며, 특유의 허브 맛 때문에 어떤 야채요리에도 잘 맞는다. 또 스시와 담백한
닭고기 요리, 심지어 피자나 타코와도 어렵지 않게 매치할 수 있다.

• Cheese Pairing: 스위스(Swiss), 부르생(Boursin), 콜비(Colby), 블루 치즈,
브리, 체다, 페타, 그뤼에르, 프로볼론 등과 매치해 볼 수 있다.

Spring Mountain

소비뇽 블랑은 단순하고 깨끗한 맛이 매력이지만 좋은 토양이나 와인메이커의 노력에 따라 복합적인 맛도 표현될 수 있다. 스프링 마운틴의 소비뇽 블랑이 바로 그런 기품있는 테이스트를 보여주고 있는데 멜론과 감귤류의 유쾌한 맛과 함께 약간의 오크 향이 섞여 리치하면서 스파이스도 느껴지는 깊은 맛이다. 양념이 있는 치킨이나 생선 요리에 잘 어울린다.

Price | 30달러 이하

Robert Mondavi Fume Blanc, Napa Valley

Geyser Peak

Kim Crawford, Marlborough, New Zealand

Geyser Peak

가격 대비 아주 괜찮은 소비뇽 블랑. 특히 많은 사람들을 초대한 디너 파티에서 서브하기 좋은 무난하고 상쾌한 맛이다. 미디엄 바디에 프레시한 산도, 미네랄 맛이 기분좋다.

Price | 10달러 정도

Robert Mondavi Fume Blanc

소비뇽 블랑의 멋진 분신, 푸메 블랑을 창조해낸 선구자 로버트 몬다비 와이너리는 그러나 요즘 더 맛있는 소비뇽 블랑을 만들어내는 와이너리들에게 조금 뒤지는 느낌이 없지 않다. 오렌지와 꽃향기가 두드러지고 미네랄 맛이 느껴지는 몬다비의 푸메 블랑은 오크통 숙성을 거친 탓에 우아하긴 하지만 소비뇽 블랑 특유의 상쾌함보다는 리치한 맛이 더 많아서 쉽게 마시기는 약간 부담스럽다.

Price | 17달러 정도

Ventana, Monterey

나파 밸리 조금 남쪽 몬터리에서 만든 아주 우수한 소비뇽 블랑이다. 프랑스 루아르 스타일로 가볍고 경쾌하지만 결코 품위를 잃지 않는 맛, 약간의 건초와 꽃향기와 함께 날카로운 베리향과 라임 맛, 입에 침이 고이게 하는 시트러스 맛이 아주 흡족하다.

Price | 15달러 선

Kim Crawford, Marlborough, New Zealand

요즘 가장 맛있는 소비뇽 블랑을 만든다고 전세계가 환호하는 뉴질랜드의 말로보산으로서 킴 크로포드는 그중에서도 가장 대중적이고 인기있는 브랜드다. 남반구에 위치한 뉴질랜드에서는 연초에 포도를 수확하기 때문에 연말이면 가장 신선한 화이트 와인을 맛볼 수 있다. 오크향이 전혀 없는, 가볍고 신선한 화이트 와인을 찾을 때 이보다 더 맛있는 와인을 찾기는 힘들 것이다.

Price | 15달러 정도

대표적인 레이블

Ferrari Carano 페라리 카라노 / Grgich Hills 글기치 힐스
Chateau Ste. Michelle 샤토 생 미셸 / Dry Creek 드라이 크릭
Groth 그로스 / Hogue 호그 / Kenwood 켄우드 / R.H. Phillips 알에치 필립스
Joseph Phelps 조셉 펠프스 / Bernardus 버나두스

누구나 좋아하는 리즐링

08
RIESLING

요즘 많은 사람들이 마치 새로 나온 와인을 발견한 것처럼 호들갑을 떨며 좋아하는 와인이 리즐링이다.

화이트 와인 테이스팅을 할 때 보면 거의 모든 사람들이 리즐링을 처음 마셔본다고 하는데 여러 종류의 화이트 와인을 다 마셔본 후에 가장 맛있다고 평가하는 와인이 리즐링이다. 리즐링은 가볍고 경쾌하면서도 섬세하고 품위있는 맛 때문에 나 개인적으로도 가장 좋아하는 화이트 와인이다. 신맛과 과일맛이 투명하고, 사과와 배, 레몬과 복숭아 맛이 향긋하며, 알콜 농도가 8~10% 정도로 낮아서 누구나 부담없이 즐길 수 있다. 또 병 모양이 길고 날씬하면서 이국적이기 때문에 그 자체로도 왠지 매력이 느껴지기도 한다.

사람들이 잘 모르는 리즐링의 특별한 점은 화이트 와인으로서는 드물게 테루아 (terroir, 포도가 재배되는 토양 및 환경)와 긴밀한 교감을 나누고 표현한다는 것과, 또한 화이트 와인으로서는 드물게 샤도네 만큼이나, 아니 그보다 더 오래 숙성이 가능한 와인이란 점이다. 잘 숙성한 리즐링은 색깔이 연초록을 띤 황금색으로 짙어지고, 부케도 좀더 복잡해지며, 달콤한 당도는 거의 없어지면서 새콤한 산도가 더욱 강조된다.

리즐링은 날씨가 추운 곳에서 잘 되기 때문에 프랑스 알사스(Alsace)나 독일의 모젤 자르 루베(Mosel-Saar-Ruwer), 라인가우(Rheingau), 팔츠(Pfalz) 같은 곳에서 나오는 것이 유명하다. 최근에는 캘리포니아와 워싱턴, 뉴욕 주에서도 좋은 리즐링이 많이 생산되고 있으며 특히 워싱턴 주는 현재 미 전국에서 가장 많은 양의 리즐링을 생산하고 있다.

워싱턴 리즐링은 1999년 샤토 생 미셸(Chateau Ste. Michelle) 와이너리와 독일의 에른스트 루센(Ernst Loosen)의 합작으로 만들어낸 '에로이카 리즐링'(Eroica Riesling)이 히트한 이후 전세계적인 주목을 받고 있다. 현재 샤토 생 미셸은 타의 추종을 불허할 정도로 많은 양(연간 30만 케이스 이상)을 만들고 있는데, 아마

이는 전세계에서 한 와이너리가 생산하는 가장 많은 양일 것이다. 그 외에도 컬럼비아 크레스트(Columbia Crest), 컬럼비아 와이너리(Columbia Winery), 호그(Hogue) 등 워싱턴의 대형 와이너리들이 리즐링을 많이 만들고 있다.

개인적인 경험에 따르면 미국산 리즐링은 이름이 잘 알려진 대형 와이너리의 것보다 사람들이 잘 모르는 작은 와이너리에서 만든 것이 깜짝 놀랄만큼 맛있는 경우가 적지 않다. 그러므로 가격이 싸다고(보통 15달러 이하) 얕보지 말고 여러 레이블을 테이스팅 하여 맛있는 리즐링을 골라내는 안목이 중요하다.

독일과 프랑스 산은 보통 30~80달러 정도 하므로 그 가치를 잘 모르는 사람은 미국산 리즐링부터 맛보는 것이 좋다.

또한 특별히 독일산 리즐링에 관하여는 '카비넷'이란 단어를 잘 알아두는 것이 좋겠다. 독일산 리즐링은 포도의 숙성도에 따라 카비넷(Kabinett), 슈팟레제(Spatlese), 트로큰(trocken), 할브트로큰(halbtrocken), 아우스레제(Auslese), 베렌아우스레제(Beerenauslese), 트로큰베렌아우스레제(Trockenbeerenauslese), 아이스와인(Eiswein)으로 나뉘는데 뒤로 갈수록 더 잘 익은 포도로 만든 것이며 당도도 더 높고 따라서 가격도 더 비싸다.

보통 경쾌한 리즐링을 마시고 싶을 때는 카비넷이나 슈팟레제(10~40달러)를, 좀더 고급 리즐링을 원하면 아우스레제(50~90달러)를 고르면 된다. 베렌아우스레제는 달콤한 디저트 와인이며 더 농축된 트로큰베렌아우스레제는 최고급 디저트 와인으로 수백달러에 이른다.

가볍고 드라이한 리즐링은 샐러드와 가벼운 애피타이저, 생선요리, 닭고기 요리 등 여러 음식과 두루 잘 어울린다.

• Cheese Pairing: 스위스, 콜비, 에담, 구다, 페타, 그뤼에르, 몬터리 잭 등 대부분 마일드하게 만들어진 치즈와 짝을 이루면 무난히 매치할 수 있다.

Trimbach

Chateau Ste. Michelle Eroica

Joh Jos Prum, Wehlener Sonnenuhr Spätiese

Chateau Ste. Michelle Eroica

워싱턴 주의 유서깊은 샤토 생 미셸 와이너리가 독일의 닥터 루젠(Dr. Loosen) 과 합작으로 만들어낸 아주 맛있는 워싱턴 산 리즐링. 그린 톤이 지배적인 백포도주의 매력이 활짝 피어나면서 배와 복숭아나무 냄새가 충만한 향긋한 리즐링이다. 한모금 머금으면 침이 잔뜩 고일 정도로 산도가 높아 여러 음식들과 좋은 궁합을 이루며 마무리도 깔끔해 두고두고 맛있는 와인으로 기억에 남을 만하다. 2007년산은 로버트 파커의 '와인 애드보케이트'(Wine Advocate) 잡지에서 91점을 받았으며, '코노이서 가이드'(Connoisseurs' Guide)가 '2008 년의 탑 텐' 와인으로 추천했다.

Price | 20달러 정도

Chateau Lafayette Reneau Dry

뉴욕 주에서 나오는 대표적인 리즐링으로, 프랑스 알사스 산과 비슷한 느낌을 준다. 좋은 리즐링의 특징인 클린, 프레시, 라이트한 맛, 레몬과 복숭아, 멜론과

그레이프 프룻에서 느껴지는 과일향과 날카로운 산도가 약간의 꽃향기와 뒤섞여 우아하면서도 화려한 리즐링의 진수를 보여준다.

Price | 15달러 정도

Trimbach

트림바흐의 리즐링은 알사스 지방의 드라이한 리즐링의 특징을 잘 표현하고 있다. 아주 연한 색과 미세한 꽃향기, 그리고 신선하고 투명한 과일 맛이 매력적이다. 입 안에 한 모금 머금으면 적당한 산도가 팔레트를 새콤 시원하게 자극하면서 복숭아와 레몬 맛, 약간의 사과향기가 신선하게 느껴진다.

트림바흐는 해마다 고르게 맛있는 리즐링을 만들고 있으며 그냥 리즐링 외에도 '리저브', '클로 샌트 윈느'(Clos Sainte Hune), '쿠베 프레데릭-에밀'(Cuvee Frederic-Emile) 등 네종류의 리즐링을 만드는데 최상급인 쿠베 프레데릭-에밀 (125달러 정도)은 가장 이상적인 리즐링의 맛이라고 평해진다.

Price | 15달러 정도

Joh Jos Prum, Wehlener Sonnenuhr Spätlese

J. J. 프룸 사의 벨레너 조넨우어 리즐링 슈팟레제는 복숭아와 레몬, 멜론, 바닐라 사과향기가 신선한 리즐링이다. 너무나 상큼하면서도 델리킷하고 우아하기 때문에 마실 때마다 감탄이 절로 나오는데 특히 2004년과 2007년 빈티지는 아주 좋았던 해에 만들어진 와인이라 더 감동적인 맛을 선사한다.

Price | 50달러 & up

Hugel & Fils

프랑스 알사스 지방에서 나오는 위켈 에 피스의 리즐링 역시 굉장히 맛있는 드라이 리즐링의 특징을 아주 잘 드러내고 있다. 아주 연한 미색과 섬세한 향, 그리고 신선한 과일 맛이 매력적이다.

Price | 15달러 정도

대표적인 레이블

Long Shadows "Poet Leap" 롱 섀도즈 포엣 립

Woodward Canyon 우드워드 캐넌 / Seven Hills 세븐 힐스

Heron Hill 헤론 힐 / Hosmer Winery 호스머 와이너리

Dr. Loosen 닥터 루젠 / Egon Muller 애곤 뮐러

튀는 이름 쏘는 맛 게부르츠트라미너

09
GEWURZTRAMINER

Gewurztraminer

어려운 이름 때문에 가까이 하기엔 조금 멀게 느껴질 지도 모르지만, 게부르츠트라미너는 아주 특별한 매력을 가진 화이트 와인이다.

사실 이름이 어렵기로 말하자면 프랑스어를 공부하지 않은 사람들에게는 와인의 품종이나 레이블 읽기가 난수표를 해독하는 일만큼이나 어려울 것이다. 내가 늘 강조하는 것 가운데 하나가 불어를 배운 사람은 와인세계의 입문에서 30점은 따고 들어간다는 것이다. 나도 그 행운을 가진 사람 중 하나로서, 학창시절 모든 과목 중에서 불어를 가장 좋아했던 나로서는 왜 사람들이 샤토의 이름들을 제대로 못 읽는지 매우 이상하게 여겨졌던 시절도 있다.

아무튼 그런데 게부르츠트라미너는 불어가 아닌 독일어 이름이다. 독어로 게부르츠(gewurz)는 스파이시(spicy)라는 뜻으로 이 와인에서는 톡 쏘는 듯한 자극적인 맛이 난다. 또한 냄새는 달콤한데 맛을 보면 드라이하고 바디가 꽤 있는 편이며, 산도는 비교적 낮다. 이국적인 열대과일 맛, 복숭아와 리치(lychee), 망고의 향과 장미 꽃향기가 산뜻하게 느껴진다.

'스파이시'하다니까 일부 한국의 와인전문가들은 '매콤한 맛'이라고 표현하는데 한국식의 매운 맛은 절대 아니고, 냄새를 맡을 때 톡 쏘고, 마셨을 때 혀가

2007
RANSOM
Temperance Hill Vineyard
GEWÜRZTRAMINER
WILLAMETTE VALLEY - OREGON

WHITE WINE

GEWURZTRAMINER

Tsillan Cellars / Ash Hollow / Herman Wiemer / Pelee Island / Scheid Vineyards / Dirler Bux / Bucklin / Ransom

약간 아릿하고, 목으로 넘길 때 싸하게 느껴지는 맛을 이야기한다. 후추 향과 넛멕, 생강 등 이국적인 향과 맛에서 나오는 스파이스로서, 바로 이 맛 때문에 게부르츠트라미너는 한식을 비롯한 중국, 태국, 인도음식 등 동양음식과 잘 어울리는 와인으로 꼽힌다.

하지만 나 개인적인 입맛으로 맵고 짠 한국음식, 특히 김치나 낚지복음처럼 혀가 얼얼해지는 음식과 어울리는 와인은 세상 그 어디에서도 찾을 수 없다고 본다.

게부르츠트라미너가 특이한 또 한가지 이유는 포도 열매의 색깔이 붉은 빛에 가깝다는 것이다. 보통 레드 와인은 껍질이 검은 포도로, 화이트 와인은 연녹색의 청포도로 만드는데 이 게부르츠트라미너는 그 중간쯤 되는, 핑크에서 자주색으로 가는 그 어느 부근의 색깔을 띠고 있어서 와인으로 만들었을 때 색깔이 진한 편이다.

게부르츠트라미너는 이름은 독일어지만 프랑스 알사스(Alsace) 지방에서 생산되는 것이 대표적이고 가장 맛있다.(사실 알사스는 19세기 말부터 20세기 초까지 독일에 속했던 지역이다) 리즐링과 마찬가지로 추운 지방에서 잘 되기 때문에 미국에서는 워싱턴 주와 오레곤, 뉴욕, 펜실베니아 주의 와이너리들이 게부르츠트라미너를 많이 만들어내는데 미국산의 단점은 맛이 좀 달고 단순하다는 것이다. 다행히 가격이 10~25달러로 싸다는 것이 큰 위로가 된다.

게부르츠트라미너의 가장 좋은 점은 코르크를 연 후에 냉장고에서 며칠 두어도 맛이 많이 변하지 않는다는 사실과, 화이트 와인 중에서는 드물게 몇년 숙성하면서 더 좋은 맛을 낸다는 사실이다.

• Cheese Pairing: 부르생, 체다, 페타, 스위스, 순한 체다, 염소(Goat/ Chevre) 치즈 등이 잘 어울린다.

"WINE IS POETRY IN A BOTTLE."

- Clifton Fadiman

Trimbach와 Hugel

트림바흐와 위겔은 맛있는 리즐링으로 유명하지만 게부르츠트라미너도 당연히 맛있게 만든다.(알사스 현지에서는 게부르츠트라미너보다 리즐링을 더 많이 마신다고 한다) 트림바흐의 것은 아주 크리스피(crispy, 산도가 높다는 표현)하고, 위겔의 것은 평균적으로 맛있다. 둘다 밸런스가 훌륭하고 복합적인 향과 화이트 와인으로서는 다소 높은 알콜 함량(13~13.5%)을 갖고 있어 클래식한 게부르츠트라미너의 맛을 보고 싶을 때의 후회없는 선택이 될 수 있다.

Price | 20달러 선

Chateau Ste. Michelle, Columbia Valley

미국산 게부르츠트라미너 중 가장 대중적이고 맛있는 와인이다. 과일향과 산도가 훌륭한 밸런스를 이루고, 밝고 향기로우며 질감이 풍만해서 타이 음식 혹은 베트남 음식과 잘 어울린다. 열대 열매인 리치 향과 복숭아, 재스민, 육두구(nutmeg)와 정향(clove)의 스파이스가 잘 표현돼있어서 와인 스펙테이터로부터 가격 대비 우수한 와인으로 꼽히곤 한다.

Price | 10달러 정도

Barth Rene Roemerberg

프랑스 알사스 산으로 트림바흐나 위겔보다는 찾기가 쉽지 않지만 맛으로 치면 그보다 더 개성적이다. 특히 톡 쏘는 산도와 적절한 당도의 균형은 마치 꿀에 레몬을 탄 것처럼 도드라진다. 사과 맛과 파인애플 향기가 감미롭고, 색깔도 상당히 짙은 황금빛이라 색과 향과 맛이 모두 흡족스럽다. 연말 식탁이나 파티에서 서브하면 딱 히트할 와인.

Price | 20달러 신

Boeckel, Alsace

Trimbach

Hook & Ladder, Russian River Valley

자몽과 꽃향기가 아주 달콤한, 그러나 맛은 그렇게 달지 않은 우아한 게부르츠트
라미너. 리치와 살구, 무화과의 맛이 나며 약간 새콤하고 약간 달큰하다. 북가주
소노마 카운티의 러시안 리버 밸리에서 얻어질 수 있는 특별한 맛으로 나른한
오후, 피로한 퇴근 후에 차갑게 한잔 하면 입맛이 새로워질 좋은 와인이다.

Price | 15달러 정도

Ventana, Monterey Arroyo Seco

북가주 몬터레이에 위치한 벤타나 와이너리는 다양한 화이트 와인과 레드 와인을
꽤 잘 만드는 포도원으로 특히 게부르츠트라미너는 알사스 스타일로 양조돼
매우 드라이하고 경쾌하다. 입안에서 느껴지는 무게감도 좋고 생생하고 깨끗한
뒷맛, 오렌지 향이 배어나는 피니시가 아주 좋다. 약간의 양념이 가미된 돼지고기,
닭고기, 칠면조 요리와 잘 어울리는 와인으로 추수감사절 식탁에서 서브하면
진가를 발휘할 수 있다.

Price | 16달러

Tsillan Cellars 쉴란 셀라스 / Ash Hollow 애쉬 할로

Herman Wiemer 허먼 위머 / Pelee Island 펠리 아일랜드

Scheid Vineyards 샤이드 빈야즈

Dirler Bux 디를러 벅스 / Bucklin 버클린 / Ransom 랜섬

유쾌하고 상쾌한 피노 그리

10
PINOT GRIS

Pinot Gris

미국과 프랑스에서는 피노 그리, 이태리에서는 피노 그리지오(Pinot Grigio)라고 불리는 이 와인은 샤도네처럼 진하지도 않고, 소비뇽 블랑처럼 도전적이지도 않지만 프레시한 상쾌함이 최고의 매력이다.

그러니까 오크통을 사용하지 않고 만들어지는 경쾌한 와인인데, 간혹 무게나 깊이를 더하기 위해 오크통에 살짝 담그는 와이너리들이 있기는 해도 피노 그리의 진정한 매력은 스테인레스 스틸 통에서 만들어져 나온다.

약간의 꽃향기와 꽤 새콤한 산도, 미디엄 바디에 푸른 빛 감도는 연한 황금색을 띠며 매우 델리킷한 향과 레몬, 멜론, 애플 맛, 아몬드, 꽃 냄새를 맡을 수 있다. 가격이 대개 10달러 안팎, 비싸야 20달러 이하이란 점도 크나큰 매력이다.

피노 그리는 피노 누아와 같이 서늘한 지방에서 잘 자라기 때문에 프랑스 알사스 지방과 이탈리아 북동부의 프리울리, 미국 오리건에서 좋은 피노 그리가 재배된다. 생산지마다 다른 맛을 내는 특이한 품종으로 알사스 피노 그리는 풀바디이지만 이탈리아의 피노 그리지오는 가벼운 맛을 내고 오리건 피노 그리는 크림처럼 부드럽다.

오리건 주 윌라멧 밸리는 미국에서 피노 그리의 가장 성공적인 재배지로 꼽힌다. 오리건의 성공에 힘입어 캘리포니아에서도 피노 그리의 재배가 크게 늘어났는데 1997년 캘리포니아의 피노 그리 재배면적이 644에이커이던 것이 10년만에 9,000 에이커로 10배 이상 확장된 것만 보아도 그 인기를 짐작할 수 있다.

원래 이 품종은 피노 블랑, 피노 누아, 피노 그리 등 '피노'라 불리는 포도의 변종들로 다같이 껍질이 검붉은 빛을 띠고 있다. 그런데 1961년 이태리의 산타 마게리타(Santa Margherita) 와이너리가 피노 그리지오 품종으로 처음 백포도주를 만들어 성공함으로써 전세계 피노 그리지오 양조의 혁신적 역할을 해냈다. 양조과정에서 껍질 압착을 줄이고 저온 발효와 저온 숙성의 방법으로 색과 맛이 짙은 백포도주를 만들어낸 이후 모든 피노 그리지오 와인은 산타 마게리타의 방법을 벤치마킹해 만들어지고 있다.

해물요리 특히 연어와 잘 어울리고 모든 종류의 파스타, 피자, 뇨끼(이탈리아식 만두), 라비올리, 토르텔리니 등 이탈리아 음식들과 아주 좋은 궁합을 이룬다. 한국음식으로 치면 고추장이나 참기름 등의 양념이 많이 들어가지 않은 국수 혹은 부추전, 야채만두와 잘 어울리는 와인이다.

• Cheese Pairing: 체다, 페타, 모자렐라, 리코타(Ricotta) 치즈와 궁합을 맞추면 좋다.

Santa Margherita Pinot Grigio

코스코에 가면 거의 항상 살 수 있고, 많은 상점과 식당에서 쉽게 찾아볼 수 있는 이 와인은 정말 괜찮은 화이트 와인이다. 신선한 사과향이 가득하면서 우아하고 산뜻하기 때문에 언제 마셔도 기분이 '업' 되는 것을 느낄 수 있다. 연두빛을 띈 연노랑색 컬러와 깨끗하고 강렬한 맛이 팔레트를 압도한다. 미디엄 바디에 기분 좋은 사과 향이 감돌며 산뜻한 뒷맛이 인상적이다. 그렇게 대중적이면서 한결같이 맛있기란 힘드는데, 산타 마게리타 피노 그리지오는 오랫동안 전세계적으로 폭넓은 사랑을 받고 있다.

Price | 18-20달러

J Wine Company Pinot Gris

피노 누아와 샴페인을 썩 잘 만드는 소노마 카운티의 J 와이너리는 피노 그리도 아주 맛있게 만든다. J 피노 그리는 매해 가격에 비해 아주 훌륭한 와인으로 꼽히고 있으며 특히 입안에 침이 살짝 고이게 하는 상큼한 산도 때문에 여러 음식과 잘 어울린다. J 와이너리를 방문해 테이스팅을 하면 와인에 어울리는 핑거 푸드를 함께 서브하는데 무화과 섞은 샐러드나 스캘럽 세비체처럼 가벼운 전채요리와 특별히 좋은 궁합을 이루었던 것을 기억한다. 희미한 꽃향기와 과일향, 복숭아와 배의 맛이 분명하게 느껴지는 맛있는 피노 그리다.

Price | 17달러 정도

Luna Pinot Grigio, Napa

이 와인 역시 코스코에 항상 나와있는 괜찮은 피노 그리지오로서, 나파 밸리의 토양의 영향인 듯 약간 리치한 맛이 특징이다. 샤도네처럼 약간의 오크향과 함께 바디가 무거운 편이며 열대 과일의 향이 나고 배와 복숭아의 맛이 살짝 느껴진다. 결혼식을 비롯한 파티에서 서브하면 좋을 와인으로 샤도네의 풍만한 느낌과 피노 그리지오의 경쾌한 맛을 동시에 갖추고 있어 누구나 만족시킬 수 있는 와인이다.

Price | 15달러 이상

Eagle Eye, Napa

나파 밸리에서 나오는 또 다른 좋은 피노 그리. 사과와 레몬 과일향이 화려하고 산도 역시 꽤 높은 편이어서 식전에 마시면 입맛을 적절히 자극한다. 샤도네를 10% 섞었기 때문인지 부드럽고 풍만한 느낌이 이탈리아 산 피노 그리지오와 차이를 보인다.

Price | 20달러 정도

Pinot Gris

delicious wine

Santa Margherita Pinot Grigio

Luna Pinot Grigio, Napa

Domaine Zind Humbrecht SGN 'Clos Jebsal'

J Wine Company Pinot Gris

Pinot Gris

delicious wine

Orchid Hill

중가주 파소 로블스에서 나오는 꽤 괜찮은 피노 그리로, 유럽 스타일의 경쾌한 맛이 일품이다. 멜론과 시트러스의 상큼한 맛이 많이 느껴지기 때문에 만찬 전에 서브하는 아페리티프로 이보다 좋은 와인을 찾기는 쉽지 않을 것이다.

Price | 18달러

Domaine Zind Humbrecht SGN 'Clos Jebsal'

이 와인은 내가 마셔본 적이 없으나 참고로 소개하는 것이다. 피노 그리로 이렇게 진하고 비싼 와인을 만들 수 있다는 것이 놀랍기도 하고 신기하기도 하다. 피노 그리로서는 드물게 로버트 파커의 와인 애드보케이트(Wine Advocate) 매거진으로부터 98점, 와인 스펙테이터로부터 96점을 받은 와인으로, 디저트 와인처럼 달고 시럽처럼 진하며 여러가지 과일향과 스파이스가 완전히 집중된 맛으로 표현된다. 꿀, 캐러멜, 살구, 오렌지, 복숭아, 자두 이런 맛들이 강렬하고 부드럽게 조화돼 130케이스밖에 만들지 않은 2000년산은 무려 2040년까지 잘 숙성할 것으로 전문가들은 보고 있다.

도멘 진트 험브레크트는 리즐링, 게부르츠트라미너 등 여러 종류의 훌륭한 화이트 와인을 만드는 알사스의 유명 와이너리로 이보다 싼 피노 그리도 만들고 있다.

Price | 150달러 정도

주목할 만한 레이블

Bethel Heights 베델 하이츠 / King Estate 킹 에스테이트 / A to Z 에이 투 지
Etude 에튀드 / Sprus Goose 스프루스 구스 / Beyer 바이에르
Domaine Schlumberger 도멘 슐럼버거 / Hogue Cellars 호그 셀라스
Elk Cove 엘크 코브 / Ferrari-Carano 페라리 카라노

와인의 시작과 끝 샴페인

11
CHAMPAGNE
Champagne

와인 테이스팅 이벤트에 가거나, 격식을 차린 만찬 혹은 파티에 가면 맨 처음 서브하는 와인이 샴페인이다. 가벼운 애피타이저와 함께 즐기는 샴페인은 톡쏘는 탄산개스가 혓바닥을 간지르며 식욕을 돋우기 때문에 정식 만찬이 시작되기 전 칵테일 혹은 리셉션 시간에 샴페인이 담긴 길고 가느다란 플루트(Flute) 글래스를 들고 돌아다니며 담소하는 사람들의 모습을 쉽게 볼 수 있다.

샴페인은 모든 만찬의 시작이지만 동시에 모든 와인 테이스팅의 끝이기도 하다. 와인 애호가들이 최종적으로 가장 좋아하게 되는 와인이 샴페인이란 말을 한번쯤 들어보았을 것이다. 샴페인의 진정한 가치는 와인을 진정으로 이해하는 사람만이 깨달을 수 있는 특별한 것이다. 그런 사람들에게 샴페인은 와인의 완성, 와인의 최고봉으로 느껴지는 것이다.

입안에서 톡쏘는 버블이 상쾌한 샴페인은 축하할 일이 있을 때 많이들 마시지만 사실은 언제 어느 때 마셔도 좋은 와인이다. 기쁠 때는 더 기뻐지고, 우울할 때는 기분을 달래주며, 피곤할 때 생기를 주고, 더울 때는 짱하는 맛에 머릿속까지 시원해지며, 입맛 없을 때는 무엇이든 먹고 싶게끔 만들어주는 것이 바로 샴페인이다.

런던의 한 기자가 프랑스의 유명한 샴페인회사 사장인 마담 릴리 볼린저에게 언제 샴페인을 마시느냐고 물었을 때 그녀는 이렇게 대답했다고 한다.

"나는 행복할 때 마시고 슬플 때 마십니다. 때로 혼자 있을 때도 마시죠. 사람들과 함께 있을 때는 당연히 의무적으로 마셔요. 배가 고프지 않을 때는 홀짝거리고, 배가 고플 때는 마십니다. 그렇지 않고는 목마르지 않는 한 마시지 않지요" 결국 항상 샴페인을 마신다는 이야기를 장황하게 표현한 것이다.

"샴페인이 와인이야?"라고 묻는 사람들이 가끔 있다. 샴페인은 물론 와인이다. 샤도네(Chardonnay), 피노 누아(Pinot Noir), 피노 뫼니에(Pinot Meunier)의 세가지 품종으로 만든 화이트 와인을 다시 한번 발효시켜 만드는 발포성 와인이다.

"피노 누아가 붉은 포도인데 어떻게 화이트 와인인 샴페인을 만들지?"라고 묻는 사람도 당연히 있다. 피노 누아뿐 아니라 피노 뫼니에도 붉은 포도다. 그런데 와인의 색깔은 포도껍질에서 얻어지는 것이므로 껍질을 버리고 과육(포도알)만 발효시키면 붉은 포도로 백포도주를 만드는 일이 얼마든지 가능하다.

샴페인에 관해서는 설명할 내용이 좀 많다. 일반 와인보다 한 단계 더 복잡한 양조과정을 거치기 때문인데, 그로 인해 다른 와인들과는 구별되는 상식과 용어들이 많고, 코르크 여는 법, 적절한 글래스, 마시는 법 등이 모두 다르다는 것을 알아두어야겠다.

샴페인의 발견

샴페인은 우연히 발견된 발포성 와인이다. 이를 발견한 사람은 '샴페인의 아버지'로 불리는 동 페리뇽(Dom Perignon, 1638-1715)으로, 프랑스 샹파뉴 지방 오빌리에 마을의 생 피에르 수도원 와인담당 수도사였다. 그는 시력이 아주 나빠 거의 장님 수준이었는데 그 모자란 시력 탓에 미각이 특별히 발달해 와인 책임자가 됐다고 한다. (참고로 한국의 거의 모든 와인 애호가들이 '돔' 페리뇽이라고 표기하는데 불어 발음상 Dom은 '돔'이 아니라 '동'으로 읽는 것이 옳다)

그가 살던 17세기에는 와인을 지하창고에 보관했는데 봄이 되면 와인 병들이 깨지는 일이 종종 발생했다. 페리뇽 수도사는 깨진 병 조각들을 청소하면서 어떤 병은 멀쩡한데 왜 이 병은 터졌을까 하는 의문을 갖게 된다. 그와 함께 병 속에서 부글부글 끓고 있는 거품을 보고 정체를 궁금해 하던 그는 드디어 원인을 발견하게 된다.

2차 발효였다. 당시는 양조기술이 발달하지 못했기 때문에 미생물이나 당분, 효모가 살아있는 채로 와인을 병에 넣어 숙성시켰다. 그런데 프랑스 북부의 샹파뉴 지방은 추운 지방이라 겨울이 되면 포도주가 발효를 멈추고, 봄이 되어 온도가 올라가면 남아있던 당분과 효모가 다시 발효를 시작하면서 탄산개스를 만들어내는 것이었다. 이러한 2차 발효로 압력이 높아지면서 와인 병이 터지는 것이었고, 병이 하나 터지면 그 충격으로 옆에 있던 병들마저 연쇄적으로 터졌으며, 사람들은 거기서 나온 부글거리는 포도주를 '악마의 와인' '미친 와인' 이라고 부르기도 했다.

그러나 페리뇽 수도사는 어느 날 탄산개스로 가득 찬 술을 맛보고는 그 특별한 맛에 놀라버린다. "나는 지금 별을 마신다"는 유명한 말이 거기서 나온 것이다. 그는 부글거리는 개스의 압력을 견딜 수 있는 두꺼운 병과 철사로 뚜껑을 단단히 붙들어 매는 방법을 고안해내었는데, 이것이 바로 위대한 술 샴페인의 발명이 된 것이다. 그는 죽을 때가지 47년간 와인 양조에 이바지하면서 이외에도 괄목할만한 기술들을 도입했다. 포도나무의 가지치기를 통해 포도열매의 양을 줄이고 맛을 농축시킨 것과, 수확기에는 이른 아침 포도를 수확함으로써 향과 맛이 뜨거운 태양 아래 증발하는 것을 막았으며, 와인 병마개로 코르크를 처음 사용함으로써 와인의 숙성을 한 차원 높인, 전설적인 인물이다.

그가 속했던 수도원은 후에 모에 & 샹동(Moet & Chandon) 포도원이 되었으며,

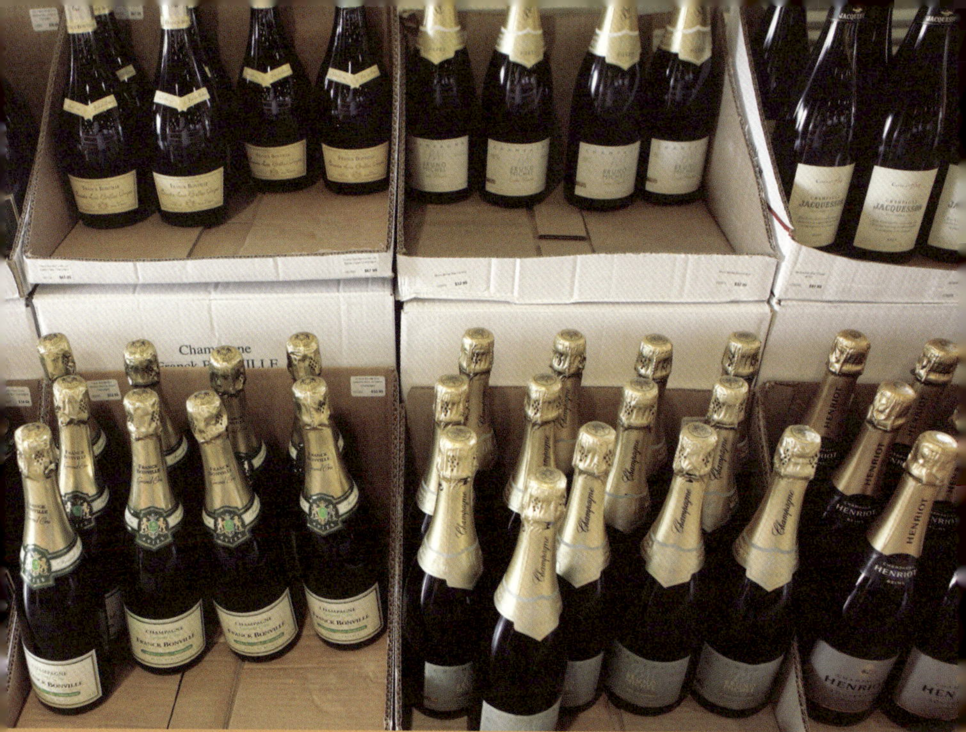

"IF FOOD IS THE BODY OF GOOD LIVING, WINE IS ITS SOUL."
— Clifton Fadiman

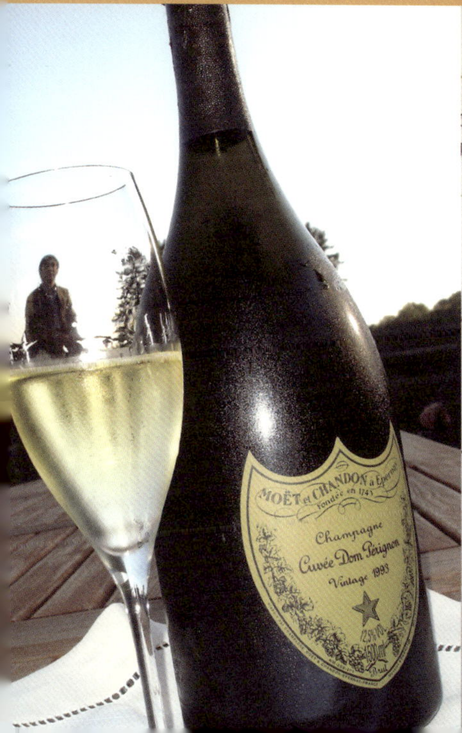

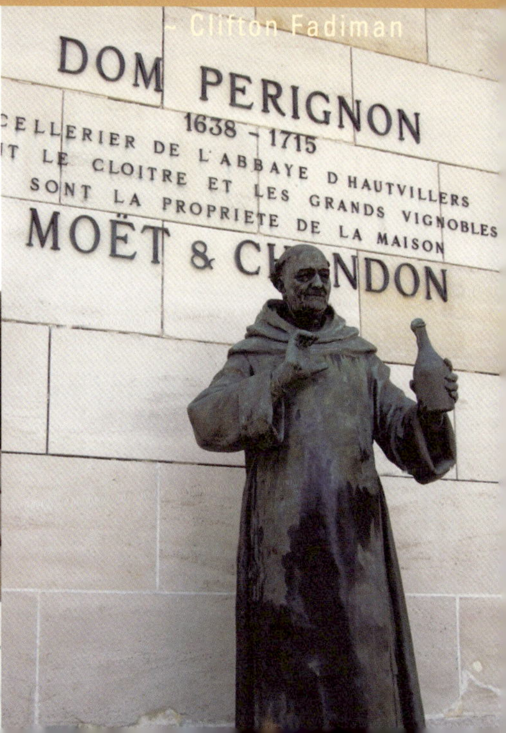

DOM PERIGNON
1638 - 1715
CELLERIER DE L'ABBAYE D'HAUTVILLERS
ET LE CLOITRE ET LES GRANDS VIGNOBLES
SONT LA PROPRIETE DE LA MAISON

MOËT & CHANDON

이 회사는 최고급 샴페인에 동 페리뇽이라는 이름을 붙임으로써 그에게 경의를 표하고 있다. (모에 샹동의 발음도 일부에서는 모엣 샹동이라고 하는데 불어에서 단어 마지막에 오는 t는 묵음이므로 모에 샹동이 맞다)

샴페인의 제조방법

동 페리뇽 수도사 이후 300여년이 흐르는 동안 샴페인 제조법이 많이 발달했지만 전통적인 샴페인 제조방법은 페리뇽 수도사가 처음 사용했던 방법을 거의 그대로 유지하고 있다. 1차 발효한 와인에 리퀴르(당분과 이스트 혼합물)를 첨가해 병 안에서 2차 발효가 일어나게 하고 여기서 생성된 탄산가스를 병 속에 가둬놓는 것이다. 좀더 자세한 양조과정을 설명하자면, 샴페인은 2차 발효하면서 부유물이 생기는데(그러니까 옛날에는 탁한 샴페인을 마셨다고 한다) 후에 이를 제거하기 위해 르뮈아지(remuage)라는 방법이 도입되었다. 45도 경사의 비스듬한 나무판(퓌피트르, Pupitre라고 한다)에 구멍을 뚫어 병들을 거꾸로 꽂아두고 전문가가 하루에 한 번씩 한 방향으로 돌림으로써 침전물을 병 입구 쪽으로 가라앉히는 것이다.

이러한 르뮈아지를 6주~3개월 동안 매일 계속해주면 침전물이 병목 부분에 모이게 되는데 이 부분을 순간 냉각으로 얼린 다음 마개를 열면 내부 압력에 의해 침전물이 튀어나오면서 제거된다. 이 과정을 데고르쥬망(Degorgement)이라고 하고, 침전물이 제거된 양만큼 감미조정액을 첨가하는 것을 도사주(Dasage)라고 하며, 도사주를 마친 후에야 비로소 코르크 마개로 완전히 봉하는 것이다.

이렇게 병 속에서 2차 발효하는 방법을 전통적인 제조법이라고 하고 불어로는 '메또드 샹쁘누아즈'(Methode Champenoise)라고 한다. 상파뉴 지방에서 만드는 샴페인은 모두 이 방법으로 만들어진다.

그러나 싸구려 발포성 와인 제조회사들은 이 방법을 쓰지 않고 더 쉽게 스파클링

와인을 만든다. 큰 탱크에서 한꺼번에 2차 발효한 것을 각 병에 옮겨 담거나(탱크 발효법), 아니면 아예 보통 와인에 인공적으로 탄산개스만 주입하는 방법(개스 주입법)을 사용하는 것이다.

샴페인은 프랑스 상파뉴(Champagne, 샴페인의 불어 발음) 지방에서 나오는 발포성 와인의 고유명사다. 상파뉴 지방 이외의 곳에서 나오는 발포성 와인은 법적으로 샴페인이라는 명칭을 붙일 수 없기 때문에 미국을 비롯한 신세계 와인생산지에서는 이 발포성 와인을 스파클링 와인(sparkling wine)이라고 하고, 유럽의 구세계에서도 스페인에서는 카바스(cavas), 독일에서는 섹트(sekt), 이태리에서는 스푸만테(spumante)라고 부른다.

현재 전세계에서 수많은 종류의 스파클링 와인을 만들고 있지만 특별한 토양과 기후를 갖춘 프랑스 상파뉴에서 나오는 샴페인의 맛이 최고라는 것은 그 누구도 부인할 수 없는 사실이다. 프랑스 북동부, 파리에서 1시간반 거리에 위치한 상파뉴 지방에서는 매년 3~4억병의 샴페인을 만들고 있는데 이것은 전세계 스파클링 와인의 10% 정도의 양이다. 상파뉴(8만4,000에이커)에는 100여개의 샴페인 하우스들이 있으며 이중 40여종이 미국으로 수출되고 있다. 요즘 전세계적으로 샴페인의 인기가 날로 높아가고 있는데 샴페인을 진정으로 이해하는 와인애호가들이 부쩍 늘어난 때문인지, 아니면 축하할 일들이 그만큼 많아진 것인지, 매년 상파뉴 지방에서 생산되는 샴페인의 양은 일정한데 너도 나도 마시겠다고 아우성을 쳐대니 가격은 갈수록 오르고 명품 샴페인은 구하기가 갈수록 어려워지고 있다.

이같은 인기에 편승해 최근 프랑스의 국립 원산지와 품질연구소(INAO)에서는 1927년 지정된 상파뉴 지방의 경계를 조금 더 넓혀서 재배지역을 확장하고 생산량을 늘리는 계획을 검토 중이라고 한다. 이 안이 확정되면 2015년쯤에는 새로운 샹파뉴 지역에서 생산되는 샴페인을 마실 수 있을 것으로 보인다.

샴페인의 맛

샴페인의 맛에서 가장 중요한 것은 산도와 과일향과 기포(버블)다. 새콤하고 프레시한 맛을 느끼게 해주는 산도는 샴페인의 숙성에 매우 중요하다. 또한 과일향이 풍부해야 샴페인이 맛있는 것은 당연하다. 그런데 이 두가지보다 더 중요한 것이 양질의 수많은 거품이다.

이 버블은 이산화탄소(CO_2)로서 포도주가 밀폐된 병속에서 2차 발효하면서 생긴 압력이 갇혀 있다가 분출되는 것이다. 따라서 마개가 빠질 때 펑하는 소리와 함께 거품이 올라오는 것을 흔히 볼 수 있고, 바로 그 이유 때문에 축하할 일이 있을 때 사람들은 샴페인을 흔들어 터뜨림으로써 더 많은 거품을 내곤 한다. 그러나 좋은 샴페인을 열 때는 절대로, 절대로, 그렇게 해서는 안 된다. 거품이 샴페인 맛의 생명인데 그걸 미리 다 쏟아버리다니, 말도 안 되는 일이다.

좋은 샴페인일수록 기포의 크기가 작고 오래도록 올라온다. 한 과학자의 조사에 의하면 좋은 샴페인 한 병에서 무려 4,900만개의 버블이 나온다고 한다. 이 기포가 빨리 날아가 버리지 않도록, 끊임없이 올라오는 작은 기포들을 오래도록 즐기고 감상하기 위하여 샴페인은 목이 좁고 긴 튤립 모양의 잔((flute)에 따라 구경하며 마시는 것이다. 또 하나, 샴페인은 버킷에 얼음물을 준비해 병을 넣어두고 아주 차갑게 유지하며 마시는 것이 최대한 즐기는 방법이다.

샴페인 병 열기

샴페인은 병 속에서 2차 발효하면서 생성된 탄산개스가 엄청난 압력을 품고 있기

때문에 거품을 잃지 않고 코르크를 여는 것은 아주 조심스런 기술이 요구된다. 샴페인 병이 다른 와인 병보다 두껍고 무거운 이유도 이같은 압력에 터지지 않고 견딜 수 있도록 고안된 때문이다.

우선 샴페인은 열기 전에 충분히 차게 식혀두어야 한다. 병 윗부분에 있는 포일을 벗겨낸 후 한 쪽에 꼬여있는 철사줄을 조심스럽게 풀어낸다. 그 다음 코르크 마개를 헝겊이나 냅킨으로 감싸고 아주 조심스럽게, 천천히 코르크를 돌리기 시작한다. 일단 조금만 코르크를 돌리기 시작하면 병 속의 압력에 의해 코르크가 금방이라도 터질 듯이 마구 밀려 올라오는데 이 압력을 그냥 방치하면 '펑'소리와 함께 샴페인이 거품과 함께 터져나오게 된다. 따라서 이렇게 분출되는 것을 막으려면 처음부터 끝까지 손으로 코르크를 꽉 누른 채 아주 조심스럽게 마개를 놓아주어야 거품을 잃지 않고 얌전히 병을 열 수 있게 된다.

알아둬야 할 샴페인 용어

• • 로제(Rose)

샴페인 중에 로제라는 것이 있다. 발그레한 핑크빛을 띠고 있어 보기에도 낭만적이고 매혹적일 뿐 아니라 맛도 훨씬 깊고 델리킷하다. 수줍은 듯 연한 분홍색을 띤 로제 샴페인은 '로맨틱 와인의 정수'로 꼽히며 보기에만 아름다운 것이 아니라 맛도 너무나 섬세하고 유려해 특별한 날 특별한 사람과 마시기에 이보다 더 좋은 것을 찾기 힘들다.

로제는 샴페인을 만들 내 붉은 포도의 껍질 압착을 통해 색깔을 얻기 때문에 스타일이 좀더 진하고 바디가 풍만하며 태닌이 살짝 느껴지는 경우도 있다. 따라서 오래 숙성시킬 수 있지만 만들기가 어려워 전체 샴페인의 5% 밖에 안 될뿐더러 가격이 훨씬 비싸다. 예를 들어 모에 샹동의 동 페리뇽은 100·120달러이지만 동 페리뇽 로제는 그 두배인 220~250달러 이상이고 구하기도 쉽지 않다.

·· NV, 빈티지(Vintage), 쿠베(Cuvee)

와인은 매해 수확된 포도로 만들어지지만 샴페인은 여러 해의 와인을 섞어서 만든다. 해마다 고른 맛의 샴페인을 만들기 위해 섞는 것인데 이런 샴페인을 넌 빈티지(Non Vintage), 즉 NV라고 표시한다. 전체 샴페인의 80%가 NV이다. 그러나 예외적으로 수확이 아주 좋은 해가 있다. 그럴 때는 그 해의 포도로만 샴페인을 만들고 연도를 표시하는데 이때 빈티지(Vintage)라는 말을 쓴다. 포도원에 따라 다르지만 보통 3~4년에 한번씩 빈티지 샴페인이 나온다. 한편 프레스티지 쿠베(prestige cuvee)는 샹파뉴 지방의 가장 좋은 지역에서 나온 최상급 포도로 빚은 빈티지 샴페인 중에서도 더 오래 숙성한 후에 출시되는 아주 상급의 샴페인에 붙여지는 명칭으로 당연히 희귀하고 값도 무척 비싸다.

·· 브뤼(Brut)

샴페인 병에 보면 브뤼(Brut)라고 쓰여진 것을 자주 볼 수 있다. 이것은 샴페인의 당도를 나타내는 말로 '달지 않다', 즉 '드라이 하다'는 뜻이다. 가장 드라이한 것부터 가장 단 것의 순서는 엑스트라 브뤼(Extra Brut), 브뤼(Brut), 엑스트라 드라이(Extra Dry), 섹(Sec), 드미 섹(Demi-Sec), 두(Doux)의 순이다. 대개 샴페인은 브뤼를 많이 마신다.

·· 블랑 드 블랑, 블랑 드 누아

불어로 블랑(blanc)은 '희다'는 뜻이고 누아(noir)는 '검다'는 뜻이다. 따라서 블랑 드 블랑은 화이트 와인(샤도네)으로 만든 샴페인을, 블랑 드 누아는 레드 와인(피노 누아, 피노 뫼니에)으로 만든 샴페인을 뜻한다.

· Cheese Pairing: 베이비 스위스, 숙성한 브리, 마일드 체다, 콜비, 에담, 구다, 염소(chevre) 치즈들과 매치시킬 수 있다.

J Wine Company

Champagne

delicious wine

Krug

Laurent Perrier

Louis Roederer

Mumm Cuvee Napa

Schramsberg, Blanc de Noir

Champagne

delicious wine

Veuve Clicquot

"COME QUICKLY! I AM TASTING STARS!"
- Dom Perignon

Dom Perignon

프랑스 샴페인의 원조인 모에 샹동(Moet & Chandon)사에서 만드는 동 페리뇽은 부드럽고 우아하며 기품 있는 맛이 혀와 입 속 전체를 짜릿하고 상쾌하게 전율시키는 최고급 샴페인이다. 그 중에서도 98년산은 크림처럼 매끄럽고, 유혹적이며, 섬세하게 육감적인 맛이라 평가되고, 99년산은 말린 꽃향기와 파인애플 향이 감돌면서 스모키한 풀바디의 샴페인으로 전문가들이 높은 점수를 매겼다.

모에 샹동에서는 가장 유명한 동 페리뇽으로부터 임페리얼(Imperial), 로제 임페리얼, 화이트 스타(White Star) 등 여러 종류의 샴페인을 만드는데 마켓에서 가장 쉽게 살 수 있는 것이 화이트 스타(30달러 이상)이고, 동 페리뇽은 병당 140 달러 정도에 살 수 있다.

Korbel Brut Champagne

120여년의 역사를 가진 소노마 카운티의 코벨 와이너리는 1927년 샴페인 지명이 프랑스에서 상표등록되기 전부터 샴페인을 만들어왔기 때문에 미국에서 유일하게 '샴페인'이라는 이름을 사용하고 있다.

코벨은 가장 대중적인 미국산 샴페인이며 싼 가격에 비해 매우 훌륭한 맛을 자랑한다. 프랑스 산 명품 샴페인들이 적어도 수십 내지 수백달러를 호가하는데 비해 코벨은 10달러 선에서 상당히 좋은 맛을 내기 때문에 미국에서 가장 많이 팔리는 샴페인이기도 하다.

코벨 샴페인은 종류가 Brut, Extra Dry, Natural, Chardonnay, Rose 등 여러 가지인데 Brut와 Natural이 좀더 섬세하고 균형잡힌 맛을 선사한다. 가볍고 크리스피한 느낌에 약간의 배 향기와 시트러스의 맛을 느낄 수 있다.

Price | 병당 11~15달러

Etoile Rose, Domaine Chandon

도멘 샹동은 프랑스의 샴페인 회사 '모에 샹동'이 1973년 나파 밸리에 설립한 스파클링 와인(샴페인) 전문 와이너리다. 브뤼 클래식(Brut Classic), 블랑 드 누아(Blanc de Noirs), 리치(Extra Dry Riche), 리저브(Reserve Brut), 에뚜알 브뤼(Etoile Brut), 에뚜알 로제 등 6종류의 기포성 와인을 만들고 있으며 최근에는 피노 누아, 샤도네, 피노 뫼니에 등의 와인도 생산하고 있다. 도멘 샹동의 스파클링 와인들은 부드럽고 우아하며 과일향이 상쾌한 것이 특징이다. 고급스럽고 섬세한 향과 맛이 나파와 프랑스 샴페인의 좋은 점만을 골라 만들었다고 해도 과언이 아닌데 가격이 20~40달러 정도인 것에 비하면 놀라울 정도로 맛있다.

이중에서도 '에뚜알 로제'는 밸런타인스 데이를 특별하게 보내고 싶은 연인들에게 강추하는 와인. 에뚜알은 '별'이라는 뜻의 불어인데 이름처럼 별빛 찬란한 기포가 입안 가득히 부서지며 우아하고 화사한 포말을 남긴다. 아름다운 색깔과 함께 그윽한 체리향 등 과일향이 섬세하게 살아있으면서 크림처럼 부드러운 맛과 기분좋게 부서지는 기포들이 한 모금 머금으면 팔레트를 황홀하게 적셔준다.

Price | 약 40달러

Schramsberg, Blanc de Noir Sparkling Wine

슈람스버그는 블랑 드 누아(Blanc de Noirs) 스타일의 스파클링을 1960년대 미국에서 처음 시도한 선구적 와이너리의 하나로, 해가 갈수록 맛있는 버블리 와인을 만든다는 평을 듣고 있다. 나파와 소노마의 서늘한 지역에서 자란 피노 누아를 사용해 만든 이 스파클링 와인은 아주 산뜻하고 가벼우며 깨끗한 맛이 화사하게 팔레트에 퍼지는 기분좋은 와인이다. 산도가 좋아서 입맛 돋우는 식전주로 아주 적격이다. 복숭아, 아몬드, 귤, 베리 등의 맛을 조금씩 느낄 수 있다.

Price | 30달러 이상

Louis Roederer 루이 뢰데레 / Laurent Perrier 로랑 페리에 / Krug 크뤼그

Bollinger 볼린저 / Veuve Clicquot 뵈브 클리코 / Perrier-Jouet 페리에 주에

Piper-Heidsieck 파이퍼 하이드식 / Domaine Chandon 도멘 샹동

Piper-Sonoma 파이퍼 소노마

Mumm Cuvee Napa 멈 쿠베 나파 / Roederer Estate 뢰데레 에스테이트

Domaine Carneros by Taittinger 도멘 카네로스 바이 태팅거

Iron Horse 아이언 호스 / J wine company 제이 와인 컴퍼니

달콤한 연인 디저트 와인

12
DESERT WINE

Dessert Wine

흔히 '로맨틱한 와인'이라 할 때 많이 소개되는 것이 로제 샴페인인데, 사실 그보다 더 연인들에게 어울리는 와인은 달콤하고 상큼한 디저트 와인이다. 포도열매의 새콤달콤한 맛과 매혹적인 과일향이 농축돼있어 감미롭기 그지없는 디저트 와인은 한모금만 마셔도 기분을 '업' 시켜주기 때문에 특별히 달콤한 사랑을 위한 순간에는 탁월한 선택이 될 수 있다. 특히 와인 맛을 잘 모르는 사람들도 얼마든지 즐길 수 있다는 점에서 언제 어디서나 누구나 시도해도 실패할 염려가 없다.

디저트 와인은 말 그대로 식후에 디저트와 함께 마시는 와인이다. 때로 코스별로 나오는 식사에서는 식전주(aperitif)로 마시기도 하지만 보통은 식후에 마심으로써 입안을 달콤하고 개운하게 정리하여 식사를 마무리한다.

맛 자체가 달기 때문에 케이크, 푸딩, 쿠키, 치즈, 혹은 과일 등 후식과 함께 먹는다. 부드러운 케이크 한 조각과 함께 잘 만든 디저트 와인 한 모금을 마시면 인생이 다 황홀하고 아름답게 느껴진다.

그런 한편 디저트 와인은 따로 다른 음식이 없이 와인만 마셔도 전혀 부족함이 없다. 그 자체로 훌륭한 디저트가 된다는 말이다. 한 모금 입에 머금고 혀와 입천장, 잇몸 등 모든 부분에 닿도록 돌려준 다음 천천히 음미하면 특유의 감미로운 맛과 향을 입안 가득 느낄 수 있다.

디저트 와인은 세계 각지의 포도산지마다 생산하고 있는데 만드는 방법으로 볼 때 크게 4~5 종류로 나눌 수 있다. 수확기를 지나(late harvest) 나무에 달린 채로 당도가 높아진 포도알을 따서 만드는 가벼운 모스카토(이태리), 포도가 나무에서 얼어버릴 때까지 두었다가 압착해 만든 아이스 와인(독일, 캐나다), 귀부병(botrytis)으로 쪼그라든 포도알에서 과즙을 추출하는 소테른(프랑스), 주정강화(fortified) 와인들인 포트(포르투갈)와 셰리(스페인) 등이다. 괄호 안의 국가명은 원조가 그렇다는 것이고 지금은 세계 각지의 와이너리들이 다양한 종류를 만들어내고 있다. 디저트 와인은 대개 반 병짜리(375ml)가 기준이며 아주 차게 해서 마셔야 제 맛을 즐길 수 있다.

• Cheese Pairing: 달콤한 맛은 의외로 쓴맛, 쌉싸름한 맛과 좋은 궁합을 이룬다. 그러므로 대부분의 디저트 와인은 블루치즈, 로크포르, 샤프 체다와 잘 어울리고, 달기의 정도에 따라 골곤졸라, 구다, 숙성된 브리, 크림 프래쉬(Crème Fraiche), 마스카폰(Marscapone), 스틸튼(stilton) 등과도 매치해 볼 수 있다. 디저트 와인은 치즈 외에 과일과도 좋은 조화를 이루며 초컬릿, 케이크, 쿠키를 함께 내도 센스 있는 와인 상차림이 된다.

••누구나 좋아하는 '모스카토'

가장 가볍고 쉽게 마실 수 있는 디저트 와인으로는 모스카토를 권하고 싶다. 모스카토(Moscato, 이태리에서는 Muscat)는 잘 익은 복숭아와 레몬, 살구 향이 나기 때문에 식후에 잘 익은 과일, 특히 천도복숭아와 함께 마시면 그 상쾌한 맛과 향기에 저절로 기분이 흥겨워진다. 알콜 농도가 11%미만이고 많이 달지 않으면서 가볍고 달콤한 향기가 매혹적이다.

캘리포니아에서도 훌륭한 모스카토가 많이 만들어지는데, 세인트 수퍼리(St. Supery)의 모스카토는 750ml 한 병에 24달러, 로버트 몬다비의 라 파밀리아 (La Famiglia di Robert Mondavi) 모스카토는 500ml 한 병에 15달러로 대단히 맛있는 모스카토로 손꼽힌다. 소노마의 갈로(Gallo, 7달러), 파소 로블스의 이오스 (Eos, 18달러) 와이너리에서도 괜찮은 모스카토를 만들고 있다.

나파 밸리의 세인트 수퍼리 와이너리가 만드는 모스카토는 와인 맛을 잘 모르겠다는 사람들도 한결같이 좋아하는, 누구나 쉽게 마실 수 있는 가벼운 디저트 와인이다. 특히 가격에 비해 너무나 경쾌하고 맛있기 때문에 나파 밸리에 갈 때마다 한두 케이스씩 사다놓으면 부담없이 선물할 때 좋다. 이제껏 내게서 모스카토 선물을 받고 "너무 맛있었다"고 인사를 보내지 않은 사람은 한 명도 없었다.

달콤한 향기가 매혹적이며 잘 익은 복숭아와 살구의 향이 가볍게 퍼지는, 기분 좋아지는 와인이다. 오렌지와 배의 맛도 느껴지면서 깨끗한 산도가 팔레트를 산뜻하게 자극한다.

••디저트 와인의 황제 '소테른'

소테른(Sauternes)은 디저트 와인의 황제로 불리는 최고의 와인이다. 프랑스 보르도의 소테른 지역에서 나오는 황금빛 와인으로 포도나무 한 그루에서 한잔의 소테른이 얻어진다고 할 정도로 귀한 술이다. 보르노 상 유역은 안개가 잦고 습도가 높은 지역이라 껍질이 얇은 세미용(semillon) 포도가 무르익을 때 고귀한

DESSERT WINE

Moscato / Sau-
ternes / Inniskil-
lin / Jackson
Triggs / Mission
Hill / Peller Es-
tate / Covey Run
Reserve Semillon
Ice Wine / Port /
Sherry

곰팡이(noble rot)라 일컬어지는 보트리티스 시네리아(Botrytis Cinerea) 균이 생기는데, 이 귀부현상으로 인해 껍질이 손상되고 건포도처럼 쪼그라들어 당분이 농축된 포도알로부터 과즙을 추출하여 얻어지는 와인이다.

소테른 중에서는 샤토 디켐(Chateau D'Yquem, 한국어로 '디켐'이라고 표기하는 사람들이 많은데 불어 발음상 '디켐'으로 읽는 것이 옳다)이 최고의 명성을 자랑한다. 프랑스 인들은 일생에 단 한번이라도 샤토 디켐과 프와 그라(foie gras, 거위 간 요리)를 먹어보는 것을 최고의 즐거움으로 여긴다고 한다.

최상의 음식과 와인 궁합으로 널리 알려진 소테른과 프와 그라는 고급 프렌치 식당에서 첫 코스에 내오곤 한다. 토머스 제퍼슨 미국 3대 대통령은 만찬 때마다 샤토 디켐을 내놓았고, 국무장관으로 재직할 때 조지 워싱턴 대통령에게 30 박스를 선물했다고 전해진다.

샤토 디켐은 산도와 당도가 높아 100년 이상 숙성 가능하다. 20~30년이 지나면 호박색을 띠기 시작하는데 이때부터 복잡한 풍미가 발달하기 시작해 잘 숙성된 샤토 디켐에서는 꿀·복숭아·살구·오렌지·파인애플·코코넛 등 온갖 종류의 향이 맡아진다. 얼마전 한 와인 사이트에 나온 1900년산 샤토 디켐을 보니 가격이 1만5,000달러였고, 또 한 경매에서는 1860년산 이후 150개 빈티지가 한꺼번에 150여만달러에 팔렸다는 기사가 나오기도 했다.

샤토 디켐의 여러 빈티지 중에서 2001년산은 '완벽' '최고' '무흠' '지존'이란 단어로 표현해도 좋겠다. 와인 스펙테이터 지는 2005년의 100대 와인에서 10 위로 선정했고, 로버트 파커는 100점 만점을 매겼다. 파커가 샤토 디켐에 만점을 준 빈티지는 1811년산과 1847년산이 유일하다니 2001년산이 얼마나 대단한 지 알 수 있겠다.

나는 이 와인을 몇년전 한 저녁식사의 디저트 코스에서 마셔보았다. 뭐라고 할까, 부족함이 하나도 없는 맛이라고 하면 설명이 될지 모르겠다. 달콤하고 횡홀한 액체 덩어리를 한 모금 머금었을 때, 입 안의 모든 감각세포가 다같이 깨어나서

전율하며 환희의 함성을 지르는 것 같았다. 황금색, 풀바디, 당도와 산도의 완전무결한 조화, 부드러움의 극치를 느낄 수 있다.

이런걸 그냥 와인이라거나 술이라고 불러도 되는지 모르겠다. '해리 포터' 책에 보면 마법사들의 주점 '스리 브룸스틱스'에서 로즈메르타 부인이 만드는 '최상급 숙성된 떡갈나무 꿀술'이란게 나온다. 혹시 저자 조앤 K 롤링이 샤토 디켐을 마신 느낌으로 만들어낸 단어일지도 모른다는 생각을 가끔 하곤 한다.

2001년산 샤토 디켐은 출시됐을 당시 375ml 반병짜리가 200달러였는데 지금은 거의 500달러를 호가한다. 한편 샤토 디켐 말고도 소테른은 20~30달러 선에서 얼마든지 맛있는 와인을 살 수 있다.

··신들의 음료 '아이스와인'

아이스와인은 이름 그대로 언 포도로 만든 와인이다. 포도를 가을에 수확하지 않고 포도알의 당도와 산도가 완전히 농축된 채로 한겨울 얼어버릴 때까지 기다렸다가 아주 추운 새벽 해뜨기 전에 꽁꽁 언 포도를 손으로 따서 만드는 와인이다. 기온이 화씨 10도(섭씨 영하7~12도)까지 내려가 얼어있을 때 수확하여 언 상태에서 압착하기 때문에 그 희귀성과 적은 산출량, 더 많은 생산비용으로 인하여 이 역시 비싸다. 반병짜리(375ml)가 보통 40~60달러.

아이스와인의 맛은 복숭아, 리치, 망고, 살구 같은 과일향이 진하고 강렬하다. 달고 진하면서도 결코 질리지 않는 이유는 단맛과 신맛이 기막힌 조화를 이루기 때문이다. 황금빛으로 농축된 과일향이 강렬하면서도 단맛과 신맛이 기막힌 조화를 이루어 결코 질리지 않는 아이스와인은 한 모금만 맛보아도 그 달콤함이 황홀경에 가까운 만족감을 선사한다.

아이스와인의 원조는 독일이지만 상업적으로 양조되기 시작하면서 지금은 캐나다에서 더 맛있는 아이스와인이 나온다. 아이스와인을 만드는 포도품종은 리즐링(riesling)과 비달(vidal)인데 리즐링으로 만든 것을 상품으로 친다.

Inniskillin

Domaine L'ermitage Moscato

Heitz Cellars Port

St Supery Moscato

Taylor Port

Tokaji Aszu

가장 유명한 아이스와인은 캐나다 온타리오의 나이아가라 반도에서 나오는
이니스킬린(Inniskillin)으로 60달러 정도, 이니스킬린 리즐링 아이스와인의
맛은 복숭아, 라임, 망고, 살구 같은 과일향이 진하고 강렬하게 농축돼있다. 믿을
수 없을 정도로 부드럽고 리치한 풀바디의 디저트 와인으로 한 모금 머금으면
입안에 황금 햇살이 들어온 것처럼 화려하게 달고 향기롭다. 알콜 도수는 10.5%
로 낮은 편이다.

그외에도 잭슨트리그스(Jackson Triggs), 미션힐(Mission Hill), 펠러에스테이트 (Peller Estate), S.L.C. 리즐링 아이스와인 등이 있다. 워싱턴 주에서도 나오는 '코베이 런' 리저브 세미용(Covey Run Reserve Semillon Ice Wine, 23달러)은 가격도 저렴하고 캐나다 산 못지않은 맛을 낸다.

··주정강화된 '포트' 와 '셰리'

포트(Port)는 포르투갈의 대표적인 와인으로 스페인의 셰리(Sherry) 와인과 쌍벽을 이루는 주정강화 와인이다. 주정강화(fortified) 와인이란 발효중인 포도주에 브랜디를 넣음으로써 발효를 중지시키고 알콜 도수를 높인 와인으로 도수가 18~20% 정도로 높다. 발효가 중지됐기 때문에 당분이 남아있어 맛이 달고 진하며, 병을 연 후에도 한동안 두고 마셔도 맛이 크게 변하지 않는다.

셰리는 발효가 끝난 후에 브랜디를 넣는다는 점에서 포트와 다르다. 포트와 셰리는 디저트보다 식전주, 아페리티프로 더 많이 마신다. 이 외에도 마데이라 (Madeira), 마살라(Marsala), 베르무스(Vermouth) 등이 주정강화 와인들이며 헝가리 산 토카이(Tokay)도 좋은 디저트 와인으로 꼽힌다. 그런데 포트와 셰리, 토카이 와인은 맛이 아주 강하고 진하기 때문인지, 첫 모금에 거부감을 표시하는 한인들을 많이 보았다.

와인 샵에서 쉽게 찾을 수 있는 포트와인은 테일러스(Taylor's Late Bottled Port) 로 반병짜리가 25달러 선이다. 토카이 아주(Tokaji Aszu)는 찾기가 쉽지 않고 가격 또한 비싼 편이지만 가끔 와인샵에서 500ml 한 병에 30달러 정도에 나와 있는 것을 볼 수 있다.